喜ばれる

自分も周りも共に幸せ

小林正観

PHP文庫

JN120672

○本表紙図柄＝ロゼッタ・ストーン（大英博物館蔵）
○本表紙デザイン＋紋章＝上田晃郷

まえがき

ふだん私たちは、自分で立てた人生の目標に向かって、自分の人生をよくしようと生きています。

そのために、いろいろと努力し、頑張《がんば》って、人に抜《ぬ》きん出ようとします。そこで、様々な苦労やストレスをかかえこんでしまいます。

これとは逆に、人からの頼《たの》まれごとをこなし、人に喜ばれるような生き方をし続けることで、まったく別のものになってしまう人生もあります。

私自身も頼まれるままに、人生の様々な話をするようになり、それで全国各地を回る生活が続いています。

これはもともと私が望んだことではなく、周《まわ》りに要望されるままに始めたことなのですが、それで自分も周囲も楽しい時間を過ごしています。

私は、〝夢も希望もなく〟生きていますが、十分幸せなのです。

そしてこれはどなたでもが、そうしたいと思えばなんの努力もなしにできることです。

自分の人生をまずよくして、それから他人をよくしようというのでなく、いつも周りが喜ぶことを、自分の喜びとする。

そこには、争いも、対立も存在しようがありません。

自分が何かを人生でなしとげたいと思っても、周りを無視《むし》し、周りと対立しながらことを運んでは、最後にはうまくいかなくなるでしょう。

そのような人は、楽しくもなく、ひとりぼっちで人生を終えるかもしれないし、宇宙と仲良《なかよ》しでもありません。

自分の周囲にいい思いを投げかける、そうするとそれは倍《ばい》になって返ってきます。

周りに喜ばれれば、自分も周りも、みんな楽しくなるし、宇宙もそのような人を応援してくれるようです。

人間は「喜ばれる存在」として、この世に生をうけたのではないでしょうか。

この本には、そのようなお話をはじめ、人生を楽しく生きる宇宙の法則がたくさん書いてあります。

ちなみに私がこの本の中でいう「宇宙の法則」とは、私の発見した、人間や人間社会に存在する共通性、共通項のことを言います。

みなさんがこの本をお読みになって、喜んでいただけるなら、私にとってこれにまさる喜びはありません。

編集の斎藤史子さん、講談社の川島克之さんには大変お世話になりました。心から御礼申し上げます。

小林正観

二〇〇七年十一月

喜ばれる　目次

第2章 楽しい人生を生きる

第3章 幸せに囲まれる

第4章 感謝とは「プレゼント」

おわりに　頼まれごとに身をゆだねて

第1章

周りに喜ばれる

みんなが口ずさめる歌を

すばらしい歌唱力だが

ある人たちの結婚式とお祝《いわ》いの会があり、そこで本格的に歌ってくれた方がいました。

その方はジャズのセミプロで、得意とするジャズの曲を生演奏《なま》に乗せてのステージでした。でも外国語で独特の難しいメロディーが、聴《き》いている人たちには分かりづらかったようです。

大変上手《じょうず》だったのですが、淡々《たんたん》とした拍手で終わりました。

翌日、朝食のときにその歌手の方と一緒のテーブルになりました。もしかしてファンやステージが増えていないのではありませんか、と。

「そのとおりです。ステージの数は多くないので、歌う仕事の他にアルバイトをしています」

とのこと。そこで昨日のステージで感じたことをお話ししました。

前日の結婚式に集まった人たちは、四十代、五十代の、ジャズのことはよく知らない人がほとんどだった。どちらかといえば、演歌や歌謡曲《かようきょく》などのほうに慣れ親しんでいるかもしれない人たちです。

その人たちの前で、自分の得意な分野のものだけを歌うことは自己満足で、喜ばれることにはならない。この場合は、みんなが知っていて、口ずさむことのできる曲を歌うほうがずっと喜ばれます。

その方は、すばらしい歌唱力をもっていました。その力で演歌や童謡《どうよう》など、みんながわかる歌を歌えば、聴いている人たちも一緒に楽しめたのではないでしょうか。

カラオケでいろいろな年代の人たちが集まると、二十代の若い人が流行の曲を歌うことがあります。こういうときにみんなの知っている歌を選曲することも、喜ばれる、ということです。

「喜ばれる存在」という方向に

私は、人間とは人に喜ばれるためにこの世に生まれてきた存在だと思っています。「喜ばれる存在」であるとは、人のどんな行動にも現れますが、歌を選ぶときにも、それは現れるのです。

自分の生き方をすべて、二十四時間ずっと喜ばれるようにセットして、ありとあらゆる場面でそのように実践していくことを考える。

自分という船を「喜ばれる存在」という方向に自動セットして、二十四時間、三百六十五日その〝セット〟を続けていくのです。

そうすると三年ぐらいたつ頃から、投げかけた分の利息と共にポン、と降りてきます。

でも、あれをしよう、どうにかしよう、と自分でしようとしているのは、今を気に入らない、と否定していることになるので叶《かな》いません。

ジャズシンガーの方は、これから「喜ばれる存在」という方向にセットして、少しずついろんなジャンルを取り入れて歌ってみます、ということでした。三年後、投げかけた分が大きくなって返ってくるかもしれません。

目の前のものすべてを大事に

植物に「おはよう」

私たちの目の前にあるものを大事に扱うことは、喜ばれるように生きるということにつながっています。

あるところで、盆栽《ぼんさい》歴五十年の名人の話を聞くことがありました。十五歳の頃から五十年かけて盆栽をずっとやってきて、たくさんの賞をとった方です。この盆栽日本一の名人が「植物のことで三つだけ分かったことがある」と話していました。

1. 植物は、人間が好きで好きで仕方がない。人間が近寄ってくると、ワクワク、ドキドキするらしい。

2. 人間から「おはよう」「こんにちは」などと声をかけられると、とても嬉《うれ》しいらしい。

3. その人から称賛《しょうさん》されると、この人のためなら死んでもよい、と思うくらい幸せを感じるらしい。

逆に、プランターや鉢植《はちう》えを枯《か》らすために簡単な方法は、無視をし続けることだそうです。植物にまったく声をかけなくなると、あっという間に枯れてしまう、ということが五十年かけて分かったそうです。

街路樹《がいろじゅ》も、人間が近づいてくると嬉しくてワクワク、ドキドキするらしい。「おはよう」と声をかけられるだけでも、かなり嬉しいのだとか。

ということは、毎日その街路樹のわきを通る同じ人が、自分に「おはよう」と言ってくれていると、その植物はこの人のために何かしてあげようかな、と思うようになるかもしれません。

この人がある日、「今日は運動会だから、晴れてくれるといいなあ」と思いながら街路樹のわきを歩いていたとします。植物は日の光や雨水などで空とつながっているので、

「この人のために、今日は運動会を楽しめるように、空を晴れさせてください」

と空にお願いをしてくれているかもしれません。

植物を味方につけると、天気など、自然界のいろいろなものが自分の味方になるようです。その味方になる植物をたくさん作っておくと、それだけでも面白くなりそうでしょう。

道具を味方にする

私たちの魂《たましい》は「喜ばれる存在」であることをテーマに、何万回と生まれ変わってきました。今、私たちの目の前にあるものにもすべて、同じテーマを持

った魂が入っています。その魂を大事に扱うことも、喜ばれるように生きていく、ということになります。

たとえばコップを持つときに、もう片方の手を添《そ》えると、落とされる心配がないので、コップに入っている魂は安心します。「ああ、この人に持ってもらってよかった」と。これも、「喜ばれる」ということ。

台所の包丁《ほうちょう》を、いつも磨《みが》いてきれいにしている人がいるとします。いつも丁寧《ていねい》に扱っていて、使ったまま放っておいたりしない。

そういうことを日常的にやっている人が、あるとき、たまたま台所で腰のあたりに包丁があり、それに体が触《ふ》れて落としてしまった。当然、鉄の方が木よりも重いので、重心のある刃を先にして落ちていきます。そのまま足の甲《こう》に落ちれば大ケガになります。

それが、いつもその包丁を大事にしていた人の足には、なぜか柄《え》の方から落ちる、ということがあります。普段から丁寧に使っていたおかげで、包丁自身が刃ではなく、柄の方から落ちてあげようかな、と思ったのかもしれません。

日常生活で使う道具を大事にしている人は、道具からお返しをいただく。

これは仕事でも同じです。

私の本業は、著述業《ちょじゅつぎょう》です。著述業で大事な道具、というのが何か分かるでしょうか。

文字を書くペン、ノート……それらの道具も大事ですが、実は「言葉」。日常の話し言葉から関わってきます。

ですから、日常生活ではなるべく語尾に「です」「ます」を使っています。また、人の名前は、年齢・男女を問わず「○○さん」と呼ぶようにしています。

敬語には大きく分けて三つの種類があります。丁寧語、尊敬語《そんけいご》、謙譲語《けんじょうご》、これらを上手に正しく使いこなせるようになると、楽しくなります。敬語というと、堅苦《かたくる》しいとか、へりくだったイメージを持つ方もあるかもしれませんが、それを聞く相手とのコミュニケーションがよくなる、という面もあるのです。日本語を大事にしていたら、日本語からお返しがきて、著述業で食べられるようになったのかもしれません。

投げかけた喜びは返ってくる

そういう風に、ものにも全部、意思《いし》や感情があるようだ、ということが分かると、私たちは生きやすくなります。自分の力だけで生きているのではなくて、ありとあらゆる周りのものを全て味方にしていくと、ものすごく面白い、という生き方に気づくでしょう。

コップや茶碗《ちゃわん》を両手で受け取る、植物をほめたり、動物である犬や猫をかわいがるなどして、喜ばれるように生きていく。喜びを投げかける対象は、日常生活の全てです。特別な人、こと、もの、というのはありません。いつか、そのうちに……ではなく、今、目の前のもの全てに投げかける、ということ。ねらいを定めず、ひたすら喜ばれるように生きていくと、投げかけた喜びが自分にも返ってきます。

頼まれやすい顔とは

笑顔の筋肉《きんにく》をずっと使う

周りの人に喜ばれるように生きる、ということが人間として肉体をもらった意味だと私は思います。だから、競《きそ》って比べて抜《ぬ》きん出て、という必要がありません。喜ばれるように生きる。それはイコール頼まれやすい人になって生きる、ということです。

自分で自分を磨《みが》く必要はないと、私は思います。磨いている暇《ひま》があったら、頼まれやすい人になってみてはどうでしょう。

頼まれやすい人というのは、頼まれやすい顔をしている人。頼まれない人は、頼まれにくい顔をしているのです。

人間の顔は数十本の筋肉で出来ています。

「この前こんな嫌《いや》なことがあってね、こんな嫌な人に会ったのよね」

というような話題をした瞬間《しゅんかん》に、嫌な顔を形成する筋肉を使うわけです。

そのような話題を何十年もずっと言ってきた人は、嫌な顔に使われる筋肉ばかりが発達しています。反対に、

「ついこの間、こんな楽しいことがあって、面白いことがあって、楽しい人に会ってね」

と、にこやかな笑顔で楽しそうに話したときに使う顔の筋肉があります。楽しそうに笑顔で話し続けると、そのような筋肉が発達します。これが頼まれやすい顔。

頼まれやすい顔になると頼まれ始めます。笑わない人、不平不満《ふへいふまん》、愚痴《ぐち》、泣《な》き言《ごと》、悪口《わるぐち》、文句《もんく》、こういう言葉をずっと言い続けてきた人は、顔の筋肉もそれに連動して動いてきたので、頼まれにくい顔になっている。

それを今から、人生を祝福《しゅくふく》する七つの言葉、「うれしい、楽《たの》しい、幸《しあわ》せ、愛《あい》してる、大好《だいす》き、ありがとう、ついてる」という「祝福神《しゅくふくじん》」(七つの〝喜び言葉〟なので、私が「七福神《しちふくじん》」をもじって付けた名称です)を言い、自分の口から出てくる言葉を常に喜びや幸せにしておくと、頼まれやすい顔になります。

頼まれにくい顔だった人が意図《いと》的に「祝福神」を言い始めると、数ヵ月で人相《にんそう》が変わります。数ヵ月で頼まれやすい顔になると、面白いことに頼まれ始めます。

頼まれ始めたら、自分の時間が空《あ》いているときと、自分の人生観を根底からひっくり返さないようなものであれば、引き受ける。できるかできないか分からないときは、自分で「できません」と言わないことです。できることしか回ってきません。

でも、すでに引き受けた日に、別の依頼《いらい》が来たときは、それは断ってもよい。先に受けたほうを誠実に履行《りこう》することが大切です。

三回に一回は有料に

そのように頼まれごとを引き受けていくと、三回に一回は有料で、往復の交通費くらい出したいので、このお金を受け取ってくださいと言われるようなことがあります。

有料の金額を提示されたときに「私はそんなつもりでやったのではないので」と固辞《こじ》する場合がありますが、その固辞することを「驕《おご》り、高ぶり、自惚《うぬぼ》れ、傲慢《ごうまん》」といいます。

「そんなものは受け取るわけにはいかない、と断るのを謙虚《けんきょ》というのではありませんか」と思うかもしれません。が、そのように金銭の提示を受けたときに、「受け取るわけにはいきません」というのは「驕り、高ぶり、自惚れ、傲慢」です。

そして、「ありがとうございます。受け取らせていただきます」と言って、素直に頭を下げて受け取るのを「謙虚」といいます。

一般の常識と違うじゃないか、という方もあるかと思いますが、なぜ受け取ることができないか。その理由は、提示されたお金を自分のお金だと思っているからです。でも自分のお金ではありません。ハンカチ落としで、自分のところに回ってきただけ。次の人に渡すための場に、「私」はたまたま居合わせただけなのです。

これは、ボランティアによるお金だけではなくて、全てのビジネスや事業でも同じです。自分のところに回ってきたお金は全部、自分のものではありません。流れていくときのその中の一人に過ぎない。この流れていくお金のことを「通貨（通過）」といいます。

そういう形で、三回に一回有料の金額提示をされたら、笑顔で「ありがとうございます」と受け取って、そのお金を貯めこまないで、喜ばれるように使うことです。

そして三回に一回の金額提示が三回続くと、その三回に一回は破格の金額を提示されることがあります。金額を提示されたときに、「こんなに多額のお金をもらうわけにはいきません」と固辞することも、「驕り、高ぶり、自惚れ、傲慢」といいます。「ありがとうございます」と言って受け取るのが謙虚。そして、そのお金をまた喜ばれるように使う。

これが本当の、「お金を使う」ということの意味です。

使われる命

このように頼まれごとが次々来たときは、その内容を気に入ったとか気に入らない、とか言わずに、ただひたすら「はい、分かりました」と言ってやっていく。そうすると自分自身がある方向のもとに使われていることに気がつきます。そして一年中が全部頼まれごとで埋まるような人生になります。

使われる命――これが使命、天命と言われているものです。

天、もしくは宇宙の要請《ようせい》に対して和《わ》することが、「使われる」ことです。「つかわれる」という言葉は、真ん中に「わ」の文字があります。これは、宇宙の要請に対して応えること。それが「和すること」。

でも、宇宙の要請と和することを拒否して、自分の自我で生きていく、「和」を拒否する場合は、「和」の字を取って「つかれる」(疲れる)と書きます。

何にも考えなくても、頼まれごとだけで人生を終える。自分の意志で何かをやろうとか、切磋琢磨《せっさたくま》して奮励努力《ふんれいどりょく》して、という考え方もひとつではありますが、まったく別な生き方を選ぶのも面白いものです。

頼まれごとをたくさんされるような人になると、どこでどんな仕事をやってもいい。会社に勤《つと》めて、社長に気に入られなければとか、会社からクビと言われたらどうしよう、と心配するようなことがなくなります。頼まれやすい人になればいい。頼まれごとがくるかどうかは、顔の問題です。

その顔を作るには、これから数ヵ月でできるのだから、その顔を頼まれやすい顔に作ってしまうことです。そのためには、辛《つら》い、悲《かな》しい、つまらない、嫌《いや》だ、嫌《きら》いだ、疲《つか》れた、恨《うら》み言葉、憎《にく》しみ言葉、呪《のろ》い言葉を絶対に言わないようにする。

私たちは、人生について努力して頑張って、夢や希望を自分で描いて、そこに向かって一瞬たりとも気を抜いてはいけない、必死の思いで努力して頑張れというふうに言われて生きてきたけれども、そうではない楽な生き方があるみたいです。

「人の間」で楽に生きる

ヒトは一人で生きているとヒト。人は人の間で生きていると人間。しかも喜ばれる存在＝頼まれやすい人になると、いつのまにか金銭的にも全然心配がなく生きられるようになります。こちらの世界のほうが、もしかすると本質なのかもしれません。

努力して頑張って自分を磨いて、ずっと上がっていかなくてはいけないんだ、とその道だけを信じて必死の思いで自分を磨いて頑張っている人は、もしかすると寂《さび》しかった人なのかもしれません。友人から頼まれごとがないので、寂しくて仕様がなくて、「努力」しかすることがなかったのかもしれません。

神は人間を「人間」として作りました。「人の間」で生きるように作りました。そして、人の間で生きるのでなく、自分で自分を刻苦勉励《こっくべんれい》して、努力して頑張っている場合に、神は「体がそれだとついていかないよ」というように作ったのかもしれません。体が壊《こわ》れるように作ったのかもしれません。

努力型の人間は確かに早く出世をしたり、すごい営業成績を上げたりしますが、体を壊して、早く死んでしまう人も少なくない。それは体の中にそういうスイッチがあるからかもしれません。

自分の望みをもって、そちらに向かおうとすると、体が知らせるのです。

「多くの人に喜ばれるように、私はあなたを人間の社会の中に派遣《はけん》したのであって、あなた一人が努力をして頑張って、上へ上がりなさい、人と比べて競いなさいと言ったのではないのですよ。周りにいる人は、敵ではなく全部味方。この人たちと争う必要はありません。互いに助け合って、支えあって生きていいくのが人間なんですよ」

と神は人間の体を作った。だから「頼まれやすい私」で生きていくだけでいいらしいのです。学校や社会は、比べること、競い合うこと、闘《たたか》うこと、争うこと、抜《ぬ》きん出ることだけを教えます。その結果として、人は他人と仲良くやっていくよりは、一人で強く生きていく道ばかりを選ぶようになります。

自分で努力目標を立てなくてよいから、いかにあちこちから声がかかる人になるか。それは実はけっこう楽しい日々。

人間は神によって、喜ばれると嬉しいという本能をいただいてきました。だから喜ばれると、ものすごく自分が嬉しい。切磋琢磨《せっさたくま》して努力しているのは、今の「優《やさ》しい」自分を否定していることかもしれません。

今の自分でいいのです。努力をする必要もこれ以上の人になる必要もないから、今、この瞬間から頼まれやすい人になることです。

ニコニコ笑いながら人の好意に甘えて、自分のできることをして喜ばれるように生きていくと、心も体も楽になりそうです。

入るより出るほうが先

お金とは使い方が大事

ここにコップがあるとします。この中にお茶が入っていると、注《つ》ぎ足《た》すことができるのはお茶だけです。コーラが入っていたらコーラ、紅茶が入っていたら、紅茶しか入れることができません。

でも、これが空《から》だったら、いろんな種類の飲み物を入れることが可能です。空になれば、いろいろな飲み物を楽しむことができそうです。

これは、お金の流れの仕組みでも同じことがいえます。

お金の話をするときに、一般的には、お金を得るためにどうすればよいか、という話しか出ません。就職したり、どんな職業がよいかという稼《かせ》ぎ方を教わってきたことのほうが多いでしょう。

でも、お金の「使い方」について教わったことはないのではないでしょうか。

お金に関する宇宙法則（人間社会での共通項）の一つに、

「お金が入ることを考えなくてよい」

というものがあります。

お金というものは、手に入れることを考える人が多いのですが、実は出し方が肝心。正しい使い方、正しい出し方を覚えてしまうと、問題が何もなく、努力も何もしないで、お金が勝手に入ってきます。

使う方を正しく使う、ということは、神様や宇宙から好かれるようにお金を使うということです。

嫌われるお金の使い方

では、まず嫌われるお金の使い方をお話しします。お金が入ってきたときに、この使い方をすると、神様が嫌《いや》がって、それ以上はお金を流入させなくなる、という使い方が三つあります。

一番目、ギャンブル。

実際に商工会の方にお話を伺《うかが》ったことがあります。初めて事業を起こした人で、急速に業績が伸びて、会社もうまくいって上り調子、にもかかわらず倒産、というケースがあるそうです。

うまくいっているのに倒産する原因は、パチンコが多かったとか。

パチンコをやり始めて、一日に五千円、一万円を使って、出なければ十万円使って……という具合に毎日使うと、あっという間に三百万円くらいになるそうです。

儲《もう》かっていないときはよかったけれど、儲かり始めるとパチンコなどのギャンブルに走る、ということがあるらしい。この使い方を、神様は嫌うようです。

二番目が、贅沢華美《ぜいたくかび》。

お金が入ってきたから食べ物が変わった、乗る車が変わった、着ている服が変わった、というのをとても嫌います。

私は、宇宙法則を使いこなしている結果として、臨時収入が入ってくるようになりましたが、ある人が私を見て「臨時収入が沢山ある人には見えませんね」と言いました。

その通りです。九百八十円のシャツ、三百円の靴下《くつした》……、私は全く贅沢華美ではありません。自分の身の回りのものに対してお金は使わないし、お金が入ったからといって、食べ物が変わることもない。

お金がないときはラーメンだけれど、お金が入ったときは三万円の懐石《かいせき》料理、という生活をしている人は、お金が入ってこなくなります。

三番目は、貯《た》めこむこと。これを神と宇宙はとても嫌います。お金と水はためると腐《くさ》ります。

では、何に使えばよいのでしょう。

ギャンブルでもなく、贅沢華美にも使うのでもなく「喜ばれるように使う」ことです。

貧しい人から喜捨《きしゃ》をいただく

お釈迦《しゃか》様は、喜捨（人々の施《ほどこ》し＝お布施《ふせ》）によって生活しました。その喜捨を受けるための「托鉢《たくはつ》」を考えついたとき、弟子《でし》たちにこう言ったそうです。

「明日から托鉢をして回ろうと思うので、お金や食べ物を入れるお碗《わん》を用意してきなさい」

そして翌日、お碗を用意して集まった弟子たちに、こう言いました。

「ひとつ大切なことを言い忘れていた。托鉢をするときは、お金持ちの家を回ってはならない。貧しい人々の家を回って托鉢をしてきなさい」

弟子たちは驚いて質問します。

「お師匠《ししょう》様は、お金持ちと貧しい人とを、言い間違えたのではありませんか」

お釈迦様はこう答えました。

「言い間違えたのではない。お金持ちの家を回るのではなく、貧しい人々の家を回って喜捨をしてもらいなさい」

普通は、お金持ちの家を回ったほうが、ゆとりのある分、施しをしやすいだろう、と考えます。弟子たちもそう思ったのでしょう。

「なぜですか」と聞く弟子たちに、お釈迦様はこう説明しました。

「貧しい人たちは、自分が貧しいからと、他人に対して施しをしてこなかった人たちである。それ故《ゆえ》に、貧しさという苦界《くがい》の中に沈んでいた。私たちが喜捨をいただくのは、その貧しい人たちを苦界から救《すく》ってあげるためなのだ」

この教えは深いものです。「喜捨」とは、お金が余っているから出すのではなく、まず先に、生活に支障《ししょう》がないくらいのお金を出すこと。そうして相手に喜んでいただくことで、結果として自分にも返ってくるようになっているらしい。

「投げかけたものが、返ってくる」

これは宇宙の法則です。

金銭的なゆとりがあれば出せるのに、と誰もが考えますが、これは矢印が逆。

「長者《ちょうじゃ》の万灯《まんとう》より、貧者《ひんじゃ》の一灯《いっとう》」

という言葉があります。一万円のゆとりのある人が、その中から千円出すのと、千円のゆとりしかない人が工面して百円を出すのでは、同じ一割でも百円のほうが尊《とうと》い。釈迦はそう断じました。

まず先に空《から》にする。「出入り」は、出るほうが先なのです。

呼吸も吐《は》くほうが先。呼吸法というのは、まず吐くほうから教えます。また、人間が生まれてから死ぬまでも同じ。赤ちゃんがこの世に生を享《う》けたときに息を吐いて産声《うぶごえ》をあげます。そして亡《な》くなるときは「息をひきとる」というように息を吸って亡くなる。出入りの順序は、お金の流れでも同じことがいえます。

喜ばれるお金の使い方

金額の大小ではなく、出せる範囲《はんい》で喜ばれるように使うことです。それは二百円でも、三百円でもよいのです。

たとえば私は、タクシーに乗ったときに、七百十円とか、八百八十円という金額に対して千円を出しますが、おつりはもらいません。初乗り料金では申《もう》し訳《わけ》ない、という気持ちもあって、千円出したらおつりはもらわないようにしています。そして千二百円というときは、二千円出します。そうすると八百円くらいの寄付《きふ》になるでしょうか。

そういうお金の使い方をしていると、だんだんとお金の使い方が楽しくなってきます。自分のために使うお金ではなくて、人のためによかれと思って使うお金は心地よくなるようです。

反対に、自分が美味《おい》しいものを求めて、グルメツアーに行くのは、むなしいような気がします。私は、グルメツアーに行ったこともなければ、美味しいラーメンを食べるために、行列に並んだこともありません。ラーメン屋さんを選ぶときは、全然お客さんが入っていないような、たそがれたお店に入るようにしています。

流行《はや》っているお店で一日千人入るところでは、私の払う七百円は、千分の一の価値。でも、一日三人しか入らないお店でお金を使うと、同じ七百円のお金が、そのお店にとっては売り上げの三分の一になります。こちらに払うほうが、私のお金はより喜ばれることになります。

そういう、たそがれたラーメン屋さんで食べるとまずいのではありませんか、とよく聞かれます。今までたそがれたお店に入って、一口スープをすすって、まずい、と思ったことはあります。いえ、少なからず、何度かあります。でも、「まずかった」と過去形で言いながらお店を出たことは一度もありません。

なぜなら、味を変えてしまう魔法の言葉を知っているからです。

ラーメンを一口すすって、「まずい」と思ったら、丼《どんぶり》の縁《ふち》に指をかけます。

そして、

「私の体の一部になってくださって、ありがとう。おいしくなってくれて、ありがとう」

と声をかけるのです。その途端《とたん》に味が変わります。「ありがとう」という言葉を聞いたラーメンは一瞬《いっしゅん》にして、この人の口に合うおいしい味に変わります。

「まずいなあ」

と言った瞬間に、このラーメンは、

「この人のためにはおいしくならないぞ。この人の体を支えてなんかやらないぞ」

と決意をして、この人の口に合わない味に変化してしまう。

私は、講演会で全国を回りますが、各地の主催者の方が、郷土《きょうど》料理の美味しい有名なお店へと案内してくださるときがあります。そのときは、それをやめて、なるべく人の入っていないお店へ行くようにお願いしています。「でも、もうこの車は、その有名なお店に向かっているのですが」というときも問題ありません。行列が出来るようなお店の何軒か先には、必ず流行っていないお店がありますから。

「喜ばれる」というのは、そういうところで、役に立つようにお金を使うことでもあるのです。

お金自身も喜ばれたい

もう一つの、喜ばれるお金の使い方。

たとえば、陶芸家《とうげいか》を目指している友人がいて、コーヒーカップを一客《きゃく》三千円で売っているとします。そのときに、友人だからと安く買うのではなく、

「私の名前を入れて一万円で作って」

と頼むのです。カメラマンとして生計を立てようとしている人がいたら、写真集を何万円分か買う。開店したばかりで、まだお客さんがついていないような喫茶店《きっさてん》に入って、コーヒーを飲む。味の良《よ》し悪《あ》しは、関係ありません。喜ばれるようにお金を使うことが目的だから。それに味をおいしく変えることは、瞬時にできてしまうのですから。

全ての存在が「喜ばれる存在」になることがテーマなので、お金も喜ばれたくて仕方がない状態で存在しています。

ですから、人に喜ばれるように使う、ということは、お金自身が喜ぶことでもあります。そのように使っていると、お金自身も喜ばれるように使ってもらおうと、その人のところへ集まってくるようです。

集まってきたら、そのお金を貯めこまずに、さらに喜ばれるように使う。

そのようにして、お金は流れてくるらしいのです。

近江商人の家訓

周りが困ったら富《とみ》を出す

日本の商人道の発祥《はっしょう》は近江商人《おうみ》です。

織田信長《おだのぶなが》が安土《あづち》城下をはじめ、近江国（現在の滋賀《しが》県）の城下町で楽市楽座令《らくいちらくざれい》を出して、自由商業を奨励《しょうれい》しました。そこに才能のある商人が集まり、日本各地に物を売り歩いた結果として、近江は商人の町になったのです。

今日の大企業の中にも、この近江商人の系譜《けいふ》を引くものは多いようです。

近江商人の家訓《かくん》として必ず残っているものに「飢饉普請《ききんぶしん》」という言葉があります。これは「飢饉になって周りの人が困ったら、増改築をしなさい。必要のないところでもいいから、増改築をしなさい」という思想でした。

普段《ふだん》は質素倹約《しっそけんやく》に努めて、周りが困ったときは、蔵《くら》の中に貯めこんでいた富を惜《お》しみなく放出しなさい、というものです。

その結果として、周りの人はこの家に商品を買いに行くようになります。何かあったときは、必ずこの家が助けてくれるから、「この家に富を蓄《たくわ》えておいてもらいたい」と思うようになる。その商家は努力をしなくても、必ず栄《さか》えることになります。

「良《よ》き衆《しゅう》」が文化を下支え

ところで、関西では銀貨幣《ぎんかへい》が流通の中心になる銀本位制でした。

数え切れないほどの富を持ち、橋を架《か》けたり堀を掘ったりと、多くの人に喜ばれるようにお金を使った人を、「良き衆」と呼びました。そして、それよりちょっと少ない銀を持つ人を「長者《ちょうじゃ》」と呼び、さらにその下の人を「分限者《ぶげんしゃ》」

と呼んだのですが、どれも文化の下支えをする人たちでした。

それに対して、お金を持ってはいるけれど、世のため人のためには使わず、貯めこんだり、自分のためだけにお金を使う人を「金持ち」と呼びました。

関西の銀本位制に対して、江戸は金が中心の金本位制で、江戸に「金持ち」は多かったようですが、「長者」は多くはなかったようです。

近江商人の「飢饉普請」の発想で「周りが困ったときに、いかにお金を使うか」ということだけを考えていれば、周りから富がやって来てくれて、自分が一生懸命《いっしょうけんめい》に富を集める必要がなくなります。

周りの人は「自分の代わりに富を蓄えてもらいたい」と思ってその商家を支えるので、日常の商売が順調に成り立つ。そうして蔵に富が貯まったら、周りに放出する。自分一人の力ではなく、周りの家々の力に支えられて栄えるのです。

そのような「喜ばれる存在」を神様や宇宙も応援、支援することでしょう。

達成目標に向かわない

ノルマという殺気《さっき》

四十歳くらいの男性が、私の講演が終わってから質問に来ました。

「自分は営業だけれども、いつも会社からノルマ、ノルマと言われている。そのノルマを達成しないと上のほうから怒られるので、毎日辛《つら》い状況なのです。でも、業績が上がらない。どうすればよいでしょうか」

その人の顔からはたぶん、「営業、営業」「ノルマ、ノルマ」「数字、数字」という殺気がほとばしっているのでしょう。

たとえば、生命保険や損害保険の営業で、自分の成績を上げなくてはいけない人は、そのノルマや数字に追われている結果として、会う人全部が一人一人大事な友人ではなくて、顧客《こきゃく》にしか見えない。周りの人を自分の売り上げに寄与《きよ》する人、数字を上げてくれる相手としか見ていない人には、その人が発している殺気があるのです。その雰囲気《ふんいき》は、周りの人に対して、あなたを大事に思っている、というのとは違うので、この人と友人になりたいとは思われない。

結局、彼は一生懸命に営業をやっているけれど、誰もそれにのってくれない、ということになります。

一人一人を大事に

では、その営業のことを全部忘れて、一人一人を大事にしながら自分が喜ばれるように生きていってはどうでしょうか。五回、十回と、喜ばれるように何かをやってあげたら、中には聞いてくる人がいます。

「ところで、あなたは一体、何を仕事にしているの？」

そうしたら、

「生命保険をやっているんです」

「じゃあ、あなたのところに入ろうかな」

ということになるかもしれません。でも、顔を見たとたんに「営業成績を上げなくちゃ」という雰囲気を漂《ただよ》わせていたら、誰も寄ってこないのではないでしょうか。

自分で何かをやろうとしている人は、なかなか神様の味方を得られません。神様の味方を得ると楽です。でも、そのために達成目標・努力目標に向かって自分を磨《みが》きなさい、ということではありません。

神様の味方を得るために、何が一番有効かというと、喜ばれる存在になること。神様は「喜ばれる人」が好きなのです。

自分の達成目標・努力目標に向かって一生懸命になるのではなく、周りの人に喜ばれるようにやっていく、のが早道のように思います。

ニコニコしていましょう

楽しそうに、幸せそうに

講演会に参加している方で、アロマテラピーの仕事を始めることになった女性がいました。初めてこの仕事をすることになったというので、このようにお話ししました。

「技術を磨かなくていいから、ニコニコしていましょう。そうするとお客さんがやってきます」

一般的には、技術を磨くとお客さんが来ると思われていますが、技術があっても人柄が荒《あら》いと人はやってきません。技術は標準で良いので、ニコニコと楽しそうに、幸せそうにやっているとお客さんがやって来ます。これは、どんな仕事でも同じです。

飲食店で、味を高めるために弟子をどなりながら作っている料理人、親方さんがいるとします。そういう所でどなり合っているお店の料理は、どんなにすごいものを作っていてもおいしくない。それでお客さんは、だんだん来なくなります。

ありがとう、みんなのおかげ

天然酵母《てんねんこうぼ》でパンを作っているパン屋さんのご夫婦に話を聞いたことがあります。

普通に淡々《たんたん》と作っているときのパンは、大体一週間カビることがないそうです。「ありがとう、ありがとう」と言いながら作った時のパンは二週間カビない。そして、夫婦ゲンカをしながら作ったパンは、翌日にカビてしまったそうです。カビが発生して食べられなくなった。

ということは、飲食店で親方が弟子《でし》の料理職人たちをどなっているときは、どんどん味が壊《こわ》れている、ということになります。

逆に、味付けが特別に上手ではなくても「ありがとう、ありがとう、みんなのおかげ」と上の人が言っていたら、とてもおいしいものになるのではないでしょうか。技術より人柄《ひとがら》のほうが優先《ゆうせん》します。お客さんは、その店の雰囲気で来ているので、穏《おだ》やかな人柄であれば人が集まるのです。

いつもニコニコしていれば

七十歳になる詩吟《しぎん》の先生がいます。お弟子さんが五、六人いました。この方は詩吟の全国大会ではいつも二位で、優勝《ゆうしょう》することがなかった。何度か優勝を逃《のが》している、という状態のときに、私の講演会を初めて聴きに来ました。

「頑張《がんば》って力を入れようとするから、力が出ないのかもしれません。順位を競《きそ》うのではなく、楽しみましょう。このような大会で、普段なら自分一人で唄《うた》っているものを、大勢の人に聴いてもらうことができて楽しいよね、と思いながら唄ってはどうでしょうか」

とお話ししました。あるときに、平常心で唄うことができたそうです。そして優勝しました。

実はそのとき、風邪《かぜ》をひいていたのだそうです。声がちゃんと出るだろうか、と思ったけれど「いいや、どうでも」と力が抜けた。そして、もう優勝しなくて当たり前、と思って唄ったら初めて優勝した。

優勝したら、お弟子さんが増えて、五人くらいだったのが十人、二十人、ついには四十人になったそうです。

その四十人のうち三十人は、教室で一回も詩吟をしたことがないのだとか。何のためにその三十人は毎回来ているかというと、この雰囲気が好きだというのです。先生の、柔《やわ》らかくて周りをほんわかと温《あたた》かくするような人柄が好きで集まっている。

ここのところは非常に重要です。私たちは、能力を磨くことによって客を得られたり、商売が成功すると思い込まされてきました。が、そうではないようです。

穏やかでにこやかな人がいて、そばにいると心地《ここち》よいと思えるような人だと、自然と人が集まってくるので、何をしてもうまくいきます。技術が抜《ぬ》きん出て、優れている必要はなく、標準的で構わない。ただ本人がニコニコしていれば良い。

「客が来ないなあ」と思いながら眉間《みけん》にシワを寄せていると、もっと来なくなります。そうではなく、暇《ひま》なときはニコニコしながら「ああ、休みがたくさんとれていいなあ」、お客さんが来たときは「嬉《うれ》しいなあ」と思って、いつもニコニコしていれば、そういう人のところに人は集まってきます。

第2章

楽しい人生を生きる

楽しい人生へのパスポート

ついている人の共通項

世の中には、何をしてもついている人がいます。

新幹線に遅れそうになって、走ってホームに着いたけれど、もう発車の時間を過ぎてしまっていた。そんなときに、たまたまその車両が何かの事情でまだ出発しなかったので間に合った、など。

コンビニやスーパーで買い物をするときに、最後の桁《けた》が七円、ということがあります。たまたまそのときに、一円玉が七枚あったり、五円玉一枚と一円玉二枚がお財布《さいふ》にあってぴったり端数《はすう》が払えた。

山道で車がすれ違うときに、何百メートルもバックしないで、待避所《たいひじょ》がちょうど脇《わき》にあって、そのまますれ違える。

そういうような日常を味わう人が世の中にはいるものです。今日はドライブするから晴れてくれるといいなあ、と思うと晴れてくれたりする、そんな人生を味わう人が世の中にいます。

実はある宇宙の法則を使いこなしていると、誰にでも起こる現象なのです。

ここに記すことは、皆さんの人生を画期的に全然違うものにする可能性があります。可能性がある、というのは本人がやらない限り、そうはならないからです。

でも五年十年滝《たき》に打たれたりする必要はありません。

年間一千万円のお布施《ふせ》を十年続けないと教えない、というものでもありません。

楽しい人生への三つの法則

その法則をお教えしましょう。

このような人生を味わえるのは、地球のリズム、宇宙のリズムと自分のリズムが合っているからなのです。地球のリズム、宇宙のリズムと自分のリズムが合うためには次の三つの条件が重なっていると、誰にでもそのことが起き始めます。

その三つの条件とは、

一つ目、地球や宇宙を敵に回さないこと。

具体的には、辛《つら》い、悲《かな》しい、つまらない、嫌《いや》だ、嫌《きら》いだ、疲《つか》れた、不平不満《ふへいふまん》、愚痴《ぐち》、泣《な》き言《ごと》、悪口《わるぐち》、文句《もんく》、恨《うら》み言葉《ことば》、憎《にく》しみ言葉、呪《のろ》い言葉を口にしないこと。

簡単なことのようですが、実は気づかないうちに日常的に言っているのが

「天気の悪口」。

朝起きて空に向かって「今日も寒いわねえ」とつい言ってしまいます。これはまさに宇宙現象、地球の現象に向かって直接文句を言うことです。

「この部屋が暑いからクーラーを入れてください」というのは文句ではなくコミュニケーション。自分の言いたいことを伝えたことになります。

でも、「今日も寒い寒い。もういやになっちゃう」というのは愚痴と悪口です。この、「天気の悪口」をやめるところから気がついたほうがよい。目の前の現象について、批判的な論評をするのをやめましょう、というのが一つ目です。

二つ目、宇宙の現象、地球の現象を味方につけること。

具体的には、ありとあらゆる現象について、嬉《うれ》しい、楽《たの》しい、幸《しあわ》せ、愛《あい》してる、大好《だいす》き、ありがとう、ついてる、というように自分の口から出てくる言葉を全部、喜びと感謝に満ちたものにすることです。この言葉が覚えられない人は、この中で一番強い力を持っているのが「ありがとう」なので、ただひたすら「ありがとう」と言ってみる。

「ああ、今日も気温が低くて涼《すず》しい。ありがとう」

「ああ、今日も気温が高くて暖かい。ありがとう」

と言って、目の前の現象について全部「ありがとう」「感謝」という目でとらえていくのが二つ目です。

そして三つ目。これは信じても信じなくても構《かま》いません。実はあることに気がつきました。

私はこれまでずっと唯物論《ゆいぶつろん》で、神《かみ》や仏《ほとけ》を前提にしてものを考えてきませんでした。宗教者ではないし、誰かから宗教的な教えを受けたこともありません。常に実証と検証を重ねて物事を見てきました。その結果として、分かったこととは——。

四次元的に神が存在するらしい。ある意思を持った、ある法理・法則・方程式をコントロールしている知性体が存在するらしい。

その四次元的に存在する知性体を、一般的に神と呼んでもよいし、神と呼ばずに、「四次元の存在」と呼んでも構いません。その四次元の存在は、ある法理・法則・方程式に基づいて、三次元的な現象を起こしている。

その四次元的な知性体（簡単にいう神）を味方につけるのが、三つ目です。

神様を味方につける方法とはなんでしょうか。

神様は「きれいな人」が好きなのです。

「きれいな人」の定義を三つお話しします。この三つはどれか一つを満たしていればよい、というものです。

一つ目、見目形《みめかたち》、姿形がきれいな人。

実は神という方はきれい好きで、きれいな人が好きらしい。そして、遺伝的に顔立ちが整《ととの》っていたり、姿形が整っている人を応援・支援したいと思うらしく、これは歌が上手であるとか、お芝居が上手であるということとは関係なく、見目形がいい人が売れっ子になるように神は応援するようです。

ただ、それだけではありません。二つ目、神は心のきれいな人が好きで応援するらしいのです。

この一つ目では勝負ができない、と思う人もいるかもしれません。二つ目の心がきれいというのも、神の基準がよく分かりません。

三つ目。その人の身のまわりが常に整理整頓《せいりせいとん》されている、という人を神はとても好むようです。しかも、その人の身のまわりの中で、多くの人が汚れを落とすであろうところ、汚れていても仕方がないと思うようなところをきれいにしている。トイレ、流し、洗面所の水回りを中心としてきれいにしている人に、神は微笑《ほほえ》むらしい。

起こってくる現象を楽しむ

この三つの条件を、とりあえずやってみると結果が出ると思います。特別な人に特別なことが起こっているのではありません。地球と宇宙を味方につけた人は、いろいろなことが起きます。さらに神様までも味方につけてしまうと楽しい。

実は、この三つを実践《じっせん》し始めると、ある現象に気がつくようになります。

午後二時から四時くらいに、人の入っていない蕎麦屋《そばや》、食堂、甘味処《かんみどころ》などに入って食べ始めると、食べ終わる頃には十人、十五人くらいの人が、その店に入ってきているようになる。そして、誰もいないブティックをのぞいていると、なぜか誰も入っていなかったお店に五人、六人という人が入っていることに気がつくようになります。

自分の行く先々のまったく人のいなかったお店に、なぜかいつも人が入ってくるようになると、宇宙と地球のリズムが味方を始めている、ということです。これが分かると面白い。

その人が笑顔で何か言っていると、友人知人が集まってくる。

「あの人に電話をしたいなあ」と思っていると、その人から電話がかかってくる。

「あの人に手紙を出したいけれど、住所をどこにやったかなあ」と思っていると、その人から手紙やはがきが来る。そういうように地球のリズムと宇宙のリズムが、自分のリズムと合うようになります。そういう現象が、あっという間に起き始めます。

そのように、人が集まってきて、そこで愚痴を言わないでニコニコと楽しく話をしていると、新しい話が生まれ、新しい笑顔が生まれて、新しい仲間がどんどん作られていきます。

楽しい仲間と楽しい話をしていると、また楽しいことやものが産み落とされるようになります。

輪廻転生する魂のテーマとは

生まれ変わって自由度が増す

私の根底を成《な》しているのは唯物論です。

唯物論というのは、神や仏を前提にして物を考えたり、宗教というフィルターを通して物事を見るのではなく、事実を事実として見る立場をいいます。

たとえば、今までにUFOを百回目撃した、という人がいると、

「では、一枚くらい写真を撮《と》りましたか」

と聞きます。「一枚もない」という答えには、

「百回も見ているのだったら、そのうち何回かはカメラを持っていて、写真を

撮る機会もあったのではありませんか」

と聞き返します。今はカメラ機能付きの携帯電話もあるくらいですから、百回もUFOを見ていて一枚の写真もない、というのは不思議です。

私は超常現象の研究家ではありますが、唯物論の立場で事実を検証し、数多くの実例を確認します。そのようにして、いろいろな現象を見てきた結果として、

「輪廻転生《りんねてんしょう》、生まれ変わりが存在する」

という結論に至りました。

「輪廻転生」という言葉を辞書で引くと、「生まれ変わること」と書いてありますが、実は「生まれ変わらなければいけないこと」をいいます。生まれ変わるのは権利ではなく義務です。

私たちには魂《たましい》があって、人間としてたくさんの生まれ変わりを経験するようです。そして、人間になる前には四つのボディを通り過ぎています。最初は鉱物、次に植物、次に動物、そして雲、それから人間をやります。

この段階、過程にはある法則性があって、それはだんだん自由度が増す、ということです。

鉱物は、他の誰かに動かされない限りは、動くことができません。植物は、種子を鳥や風によって移動させることはできますが、自分の足で歩くことができません。動物になると、自分の意志で動きまわれるようになり、空の雲になると自由度が更に増します。人間は道具を使えるので、自由度がものすごく増します。自由度が増す、行動半径の大きさが魂の進化そのものであるらしいのです。

喜ばれた数だけ機能がある

この生まれ変わりの段階には、もう一つ法則性があります。それは、機能の数が増えるということ。

たとえば鉱物であるコップは、水を貯《た》めるという機能があります。それより上の機能を持つのがコーヒーカップです。ガラスのコップは、お湯を入れると割れてしまうこともありますが、コーヒーカップには、水とお湯を入れることができるので、機能が二つ。

植物は、木の実を動物に与《あた》えて生き長らえさせることができ、防風林や防砂林にもなります。根に水を貯めて周りを潤《うるお》したり、美しい花を咲《さ》かせたり、と数えていくと機能が二十個くらいあります。

動物になると、自分の命を投げ出して、他の動物の生命を維持《いじ》する、という役割があるので、食べてくれる相手が百数十種。さらに、木の実を食べて種を運ぶ、などの機能を加えると二百くらいの機能があります。

雲の機能は、雨、あられ、ひょうを降らせる、風を起こす、雲で暑さを和《やわ》らげる、雲をなくして太陽を出すようにする……などと数えると二千くらいの機能がありそうです。

このように、鉱物から植物、動物になると機能が多くなりますが、人間は天《てん》敵《てき》がいないので、誰かから食べられる、という機能はありません。では、人間として価値のある機能の数は、どのくらいあるのでしょうか。

それをずっと考えてきて、二十年ほど前にその答えを上の方（守護霊と思われる存在。私は「おかげさま」と呼んでいます）からもらいました。

「人間は、喜ばれた数だけ機能が存在する」

人間は、天敵を喜ばせるという限定的な喜ばれ方ではなく、ありとあらゆるものに喜ばれた数だけ機能が存在するそうです。だから、人間だけ機能に上限がないのです。

私たちに入り込んでいる魂のテーマは、常に「喜ばれる存在であること」。誰かの、何かの役に立つために鉱物、植物、動物、雲といろいろなものを経験してきました。そして人間は、他の動物のように天敵から身を守るためのエネルギーを使わなくても済《す》む代わりに、そのエネルギーを喜ばれることに使うことを、神は望んだらしいのです。

念を入れて生きる

人生は用意したシナリオ通り

インドに古くから伝わるという「アガスティアの葉」をご存知の方は多いと思います。紀元前三千年頃に伝説の聖者アガスティアが、個人の魂の履歴《りれき》や運命を椰子《やし》の葉に記《しる》したとされるものです。その葉を管理し、来訪者に解読して見せるという館があり、日本から訪《おとず》れた人も多いようです。

私の友人で、このアガスティアの葉を探しに行った人がいます。その友人に、私は一つ提案をしました。

「せっかく費用をかけて行くのなら、自分の素性《すじょう》が分かるような情報は一切出さないように注意していきましょう」

唯物論的に言えば、何か情報が漏《も》れることによって、その人の現在や過去を調べられたりすることもあり得るからです。

彼は現地で、自分の葉を見つけることができたそうです。そこには現在の家庭環境や仕事内容、前世と現世の関わり、そして未来までが書かれていた。それを見て、今までの人生のいろんな出来事が納得できた、ということでした。

その人がアガスティアの葉に出会って経験したことは、私の得た宇宙法則の一つを証明するものでもありました。それは、

「未来が確定的に決まっている」

ということでした。人生は、用意したシナリオ通り。そのように見ていくと、病気も事故も災難《さいなん》も、自分が決めたシナリオ通りなのです。

私自身は、その葉を見に行く必要はない、と思っています。私たちは、生ま

れてくる前に人生のシナリオを全部書いてきている。そして、そのシナリオを書いた魂が体の中にいて、シナリオ通りに進むように選択させています。自分の魂が書いたシナリオですから、全て自分にとってベストな選択。笑顔が素敵で、明るい人格の人たちは、素晴《すば》らしいシナリオしか用意していない、と申し上げておきます。

何も考えなくてよい

そのように人生はシナリオ通りに進んでいるのだ、ということが分かると自分の人生についてあれこれ悩むことの意味がない、ということになります。人生に起こる出来事の一つ一つについて、論評評価を口にせず、むしろ目の前に起きてくる現象を笑顔で楽しみながら「面白いよね」と生きていくことのほうが楽しい人生になりそうです。

この話を聞いて、「そうか、今まで自分の人生について、いろんなことを呪《のろ》ったり恨《うら》んだり、自分の思うようにならないといろいろ愚痴《ぐち》を言っていたけれども、そんなことを思っても仕様《しよう》がないのか」と思う人がいたら、ついに「楽に生きる」方法を手に入れたということです。

そんな変な話を聞いたって絶対信じないもんね、と言う人は、それもシナリオ。

信じる、信じないはまったく自由です。ただ、悩んで苦しんで「なんで自分はこんなに一生懸命《いっしょうけんめい》努力しているのに、全然思うようにならないの」と愚痴《ぐち》や泣き言を言っている人がいたら、それは言っていること自体が無意味。なぜなら、生まれる前に全部自分でそのように組み立てて来たからです。

自分の努力によって何でも自分の思いどおりになるのだから、必死の思いでこれからも努力していくぞ、という人はそれでもよいのです。

でも、このような話を聞く、読む、というのもシナリオ。

世の中にこの話を一生で一度も聞くことのない人はたくさんいます。頑張ることしか教わらなかった人がたくさんいる中で、

「頑張ることは何にも意味はありませんよ。気合《きあい》を入れて生きなくてもいいのですよ」

という話を聞くシナリオになっていた。それを知って気合を入れずに、ただ目の前の現象をニコニコと笑顔でとらえていく、という生き方もあります。

生まれたときから死ぬまでの現象を、全部自分でシナリオに書いたとするならば、過去、あのときにああすればよかった、こうすればよかったと悔《く》やむ必要もありません。

自分の人生について論評評価をしたり、良い悪いや、好ましい好ましくないと言うのを全部やめて、ただ、毎日楽しく淡々《たんたん》と生きていく。そうすると楽になります。

では、どういう方向に向かって生きていけばよいのかというと、「喜ばれる」という方向だけ。あとはただ、翻弄《ほんろう》されていくだけ。翻弄されるのも楽しいものです。

水は変幻自在

水を例に考えてみましょう。

水というのは変幻自在ですが、自己主張しません。器《うつわ》の通りに全部形を変えていきます。池に入れば池の形になり、川に入れば川の形、滝になれば滝の形、コップに入ればコップの形。

自分の自己主張はどこにもなく、ただ淡々と存在していながら、水としての存在感があります。

水はどういう形になろうという意志を持たずに、相手の要望や要請に全ての形で応えて、どんな形にでもなります。でも、水はこういう形になったら水ではない、ということはありません。池に入ったら水ではない、とか、滝になったら水ではないということはなくて、どこにあっても水は水。

だから自己主張の必要がないのです。

変幻自在の水、というのは私たちにとっても理想的な姿かもしれません。

自己主張がないから、自分がどこへ行くのかも、どこへ連れて行かれるかも関係がない。過去のどんなことについても、いちいち感想を言う必要がなく、同時に未来のことについて心配したり、不安に思ったり、恐怖を感じたりする必要がない。

何にも考えないで生きていくことをボーッと生きるといいますが、もう一つの生き方としてはボサーッと生きる。ボサーッと生きる人を「菩薩《ぼさつ》」といいます。

念を入れる

でも、過去のことも考えず未来のことも考えず、それだけで七十年、八十年生きていくにはちょっと暇《ひま》すぎる、と思う方もあるかもしれません。そういう方には「念を入れて生きる」ことをお勧《すす》めします。

「念」という文字は「今」の「心」と書きます。念を入れて生きるというのは、今、目の前の人を大事にし、今、目の前のことを大事にして生きる、ということです。

「念ずると自分の思い通りになります」と教える自己啓発セミナーもありますが、念じたら自分の思い通りになる、という意味は「念」という言葉の中にはありません。未来を呼び寄せるとか、未来を実現するという意味はまったくない。

今、目の前の人を大事にし、今、目の前のことを大事にすることを「念を入れる」といいます。

頼まれた仕事を一生懸命

ある一級建築士の人が、自分の今頼まれている仕事が済《す》んだら、次の依頼がなくなるんじゃないか、その場合はどうやって生活していこうと思いながら、心配しながら仕事をしていました。その仕事が納まったときに、次の仕事は来なかったといいます。

なぜならば、その仕事を誠実にやっていなかったから。

今頼まれている建築設計の仕事を本当に心を込《こ》めて身を込めてやっていなかったのです。頭はいつも、この仕事が終わったら次の仕事はいつ来るのだろう、どんな仕事をどうやってもらったらよいだろう、どこにアタックしたら次の仕事は来るだろうかと考えていた。

そればかり考えていると、今のこの仕事がないがしろになってしまいます。

そのようにしている間は次の仕事が来ないので、いつも、不安だったのだとか。

でもあるとき、この「念を入れる」という話を聞いて、「ああそうか」と気づいたそうです。

「自分がやるべきことは、今いただいている仕事を本当に心を込めて、未来のことを心配する必要はなくて、やることなのだな」

と彼はそこで一念発起をして、次の仕事は今のところないけれど、頼まれている仕事をとにかく一生懸命、心を込めてやるようになった。そうすると、終わった途端《とたん》に必ず次の仕事が来るようになったそうです。

「今、目の前の仕事を一生懸命やらなければ、神様は次の仕事をくれないのだ、ということがよく分かりました」

と、その方は話してくださいました。

未来のことばかり心配して、本当にやるべき今のこの状態をないがしろにしている、というのが、私たちがいつもとりがちな態度かもしれません。

本当に大事なのは、今目の前にある仕事をやること、目の前の人、こと、ものを大事にして生きていく、ということです。

今、どう生きるか

今日、寝て起きたら、明日ではなく今日。

実は、私たちの目の前には、過去も存在していなくて、未来も存在していない。私たちの目が開いている間だけ、ずっと今日。私たちの目の前には「今日」の「今」しか広がっていないのです。

過去も存在していないし、未来も存在していない。

私の知り合いで自分の部屋に「禁煙、明日から」と書いて貼《は》っている人がいました。

家族から「〝禁煙〟って書いているじゃない」と言われても「確かに書いてある。でも明日からするんだ」と言って、三十年間一度も禁煙をしたことがありません。

「私は自分の目の前に存在する人、こと、ものを心から大事にして念を入れてやっていきます。明日から」。その「明日」は永久に来ないのです。

「今日」の「今」しか私たちの目の前に存在していないので、過去のことをあすればよかったと悔《く》やんだり、永久に来ない未来に対して心配や不安を持って、そこにエネルギーを取られるという無駄《むだ》なことをやめましょう。

「私」が今使えるエネルギーは、「今日」の「今」しか存在しないのです。

私たちは、過去、現在、未来という、とても長い時間・空間の中に生きているようですが、実は「この瞬間」だけを生きています。

だから、自分の人生について過去のどんなことについても悔やむことは無意味。未来のことについて心配することも無意味。そこに使うエネルギーを、今目の前の人を大事にすることに使いましょう。

「ああ、本当にやるべきことは、目の前の今、なんだな」ということが分かると、過去や未来について論評、評価する必要がなくなります。

そうなると、現在のことに対してさえも論評、評価する必要がない、ということに気がつくでしょう。

楽しい予言

世のため、人のため

毎年春先の三月、四月になると決まって連絡をしてくるNさんという人がいました。横浜や川崎（私の住んでいる地域です）に直下型地震が起きて四百万人が亡《な》くなる、正観さんを死なせたくないので避難《ひなん》してください、というのです。その人が信奉《しんぽう》する先生が地震の予言をしていて、それを聞いて連絡をしてくるのでした。

私はNさんに言いました。

「Nさん、あなたは毎年この時期になると連絡をしてきますね。六百人くらいに電話をしているでしょう」

「えっ、なぜ分かるのですか」

なぜかというと、その半分の三百人が私に電話をかけてくるからです。

Nさんは、多くの人のためにその情報を伝えなければ、と思っているのかもしれません。が、それを人に伝えた瞬間から、自分の信用のためにこの事件が起きてくれないと困る、と無意識のうちに思い始めています。

そう思った瞬間に喜ぶのは悪魔《あくま》。無意識に祈《いの》り始めると潜在意識＝脳細胞の八五％の未使用部分に働きかけることになります。その八五％の力で、たくさんの人が同じことを思い始めると、実現してしまう可能性があるのです。

ですから、その力が増さないようにするためには、そのような不安を与える話をそれ以上広げない、自分のところでストップする、ということが大事。

そのNさんは世のために、この予言を伝えようとしていたのでしょう。

ところが、世のため、人のために周りを幸せにしてあげたいと思った、そのために「悪《あ》しき予言」をどんどん広めることになった。それを喜んで見ているのが悪魔です。

神にとって好ましい生き方とは、その人が幸せだと思って暮らしていること。その人がどう明るいか、その人がどう生きるか。

世の中の暗い部分をあげつらって指摘する間に、「ありがとう」をたくさん言ったほうがよい。

本当の世のため、人のためという行為は、自分の周りに優《やさ》しさや温《あたた》かさを投げかけること。まず自分が楽しく生きる、ということです。

私自身が明るく

よく「先祖の霊がたたる」という話を聞くことがあります。

でも考えてみましょう。誰でも自分の子どもや孫は可愛《かわい》く思うものでしょう。その子たちが幸せであるように、という思いを持ちます。

煩悩《ぼんのう》を持った人間である私たちでさえ、そうなのです。肉体を脱いで、神に近い存在になった方たちが、子どもや孫を「墓参り」をしないから、とたたるでしょうか。ですから、「先祖の霊がたたる」ということ自体があり得ません。

予言者や、よく当たるといわれた人から「大ケガするぞ」「大病をするぞ」というような悪しき予言を聞いたときは、まったく信じる必要がありません。

「それ、起きません」

と宣言します。それを言った瞬間から、あなたはそのことを祈るようになります。悪しきことが起きないように、潜在意識で祈り始めたのです。

聞いて楽しくない予言は、正しい情報ではありません。

悪魔の側の魂《たましい》は聖《せい》なる側の予言（正しい情報）を読み取ることはできません。

ということは、一〇〇％当たらない。

逆に、聞いて心地よくて細胞が活性化するような予言をすると、それを聞いた人も、言った人も細胞が活性化します。

それを「実践《じっせん》」といいます。

自分の口から出る言葉が、相手の細胞が喜ぶようなことだけを話すように普

段から心にとめておくこと。たとえば自分の子どもに向かって、

「あなたは私の子なのだから、ものすごい天才になるわよ」

と話す。それも何気なく話すことです。

また、友人に、

「今度会うときは、ますます若く美しくなっていますよ」

と話す。そうすると、それを聞いた相手は笑顔になり、体の細胞が活性化してその話を受け入れるようになります。

自分の口から出る言葉が、常に相手の細胞が喜ぶようなことだと、そういう人ばかりが周りに集まるので、自分もますます細胞が活性化して若返ります。

世の中を暗い暗いと嘆《なげ》くより
自ら光って世の中照らそう

暗さを嘆く自分の心を変えて、私自身が明るい状態になる。「私」がどう生

きるか、それを「実践」と呼びます。

生まれてきたことの意味

執着が起こす金縛り

私は大学時代、精神科学研究会という会に所属して超常現象の研究をしていました。超常現象というのは、あの世の話やＵＦＯ、霊、金縛《かなしば》りなどです。この中で金縛りについて、最近分かってきたことがあります。

金縛りにあったことがある、という方もいると思いますが、金縛りにあっている人の九八％くらいは、実は夢を見ています。体が疲れていたりすると横になった瞬間に眠ってしまうことがある。眠った瞬間に自分が寝ている夢を見始めます。そこに何かが覆いかぶさってきて体が動かない、という夢を見ているのが金縛りの九八％です。

そして、あとの二％くらいは本当に金縛りにあっているらしい。

そこに関わってくるのは執着《しゅうちゃく》です。肉体を持っている人間が何かにこだわって、どうしてもこれが欲しい、といっている場合は執着といい、肉体のない霊体《れいたい》が持っている執着に値するものを未練《みれん》といいます。

たとえば「結婚したい」と思いながらそれが叶《かな》わずに亡くなった人は、結婚したいという未練を残しながら三・五次元の空中にいます。そして現実に今肉体を持っている人間が「結婚したいのにどうしてできないんだろう」と思いながら歩いていると、その同じ想念を持った霊体がくっついてしまうことがあります。

実は、あることを全然知らなくて、その状態をやらないまま亡《な》くなってしまった霊体が、どうしたら自分が成仏できるか分からなくて、何とかして欲しくて、心の優しい人についてくるらしい。それで金縛りに遭《あ》うようです。

その「あること」とは何か。

実は人間の魂は、「喜ばれる存在」になることが使命。使命というよりも、それを楽しむためにこの世に送り込まれているので、「喜ばれる存在」を一度もやったことのない状態の人が肉体的な死を迎えると、「喜ばれることをやった上でないとこちらへ帰ってきてはいけない」というメカニズムが宇宙的に働いているために、本人は帰りたくても帰れません。

どうしたらいいのだろうと悩んでいるときに、たまたま心の優しい人がいるとその人の上に覆《おお》いかぶさるようです。それは人間からは黒いもやのように見えるらしい。

魂は、自分の存在が喜ばれて初めて、この世に生まれてきたことの意味があります。でもその魂は、自分に対して「ありがとう」と言われたことがないために、向こうに帰れないのです。

たまたま生まれてから、両親に早くに死別された。そして親戚《しんせき》中をたらい回しにされた。学校でも先生に疎《うと》んじられ、社会でも「どうしようもないやつだ」と言われ続けて、本当に誰からも心の底から「ありがとう」と言われたことのない人がいるとしましょう。

その人が誰にも喜ばれたことのない状態で、交通事故などで亡《な》くなったりすることがあったとします。

喜ばれることをやらないと、つまり誰かから心を込めて「ありがとう」と言われないと、天上界に帰ることができません。金縛りを引き起こした霊体も、そのプログラムによって成仏《じょうぶつ》できていない魂なので、そのほうに向かって「ありがとう」と言うと成仏するようです。

心からのありがとうを

何度も金縛りにあったことのある人が、この話を聞いて一週間後に金縛りにあったそうです。

目を開けてみたら黒いもやが自分の上にあった。今までは手足が動かなくて恐怖の中にいたけれども、私の話を思い出して、「この霊体さんは、生まれてきたことの本質が分からなくて苦しんできたのだろうな。今ここで私に心からの『ありがとう』を言わせていただけてありがたい」という思いを込めて、「ありがとう」と言ってみたそうです。

そうしたら、その黒いもやがいきなりピカーッと光った。一瞬で光になって、同時に金縛りが解けたそうです。

人間が生まれてきた目的は「喜ばれる存在」として、誰かから「ありがとう」と言われること。普段から「ありがとう」を数多く言っている人は、それだけで多くの成仏できなかった魂さんたちを、光にしているのかもしれません。

光り合う命

宇宙の中の微生物

私は三ヵ月間ずっと物理の本を読み続けたことがあり、その結果、色々と面白いことが分かってきました。

私たちの体の細胞は分子から成り立ち、その分子は原子で構成されています。この原子は、実は物質ではなく空間の塊《かたまり》でした。原子を東京ドームの大きさにたとえると、原子核はピッチャーが持っているボールくらいの大きさ。その周りを電子がとび回っているのですが、その電子の外周軌道が東京ドームの大きさなのです。

つまり、原子が東京ドームくらいの大きさに「見える」のは、いくつもの電子が外周軌道を高速で回っているからであり、実は原子とは、空間の塊なのでした。物体も生物も九九・九九九九九九……％の割合を空間が占める。すべては空間の塊にすぎない。

原子核の中では、陽子と中性子が回転していて、もやの塊のようになっている。現在の物理学では、この原子核の中の「陽子」と「中性子」は、さらに小さな超《ちょう》素《そ》粒子《りゅうし》「クォーク」の回転運動体とされています。そのクォークも六種の存在が確認されました。六種のクォークは、その動きからu（upの略）、d(down)、s（strange＝奇妙な）、c（charm＝魅力的な）、b（bottom＝底）、t（top＝頂上）の六つということになっています。

原子の空間の中に存在する、それらのクォークだけを集めて塊にすると、この地球はなんとソフトボールくらいの大きさになってしまう。クォークの塊だけでみると、私たちは、そのソフトボールの中に存在している小さな小さな粒、ということになります。

今度はマクロの世界を見てみましょう。

私たちの住む地球は、「天の川銀河」という銀河の中にあります。

この天の川銀河を一枚の一円玉の大きさだと仮定しましょう。一円玉をちょうど横から見た形が天の川銀河です。その一円玉の中心からちょっとはずれたところに太陽があり、そこから三番目の惑星《わくせい》がこの地球。

ちなみに、一説によれば、一円玉の天の川銀河の中に太陽のような恒星《こうせい》が二千億個もあります。そして、この一円玉くらいの銀河が数十個集まって、直径六十センチのボールくらいの銀河の群れを作っています。

この銀河の群れから六メートルほど離れたところに銀河団があり、「おとめ座銀河団」と言います。このおとめ座銀河団を中心に、直径十五メートルの範囲に銀河団がたくさん集まっていて、「局部超銀河団」というものを形作っています。

このようにして銀河団が球状になって集まるのです。この球状がいくつも集まって泡《あわ》のような構造になっている。これを宇宙の泡構造と言います。

想像できないくらい広い宇宙の中に、私たちの地球が浮かんでいる。その上に六十億もの小さな小さな微生物が存在しています。しかも他の生物と違って、洋服を着ている妙《みょう》な微生物たち。

このちっぽけな微生物が存在している意味は何でしょうか。

人間はなぜ、この地球上に生命・肉体をもらって生きているのでしょう。

チカッと光る微生物

遠い宇宙のかなたから、宇宙船に乗って神様がやってきたとしましょう。その神様は、隣《となり》にある大きなおとめ座銀河団ではなく、天の川銀河団を選び、その中の天の川銀河に近づいていった。

なぜ、この一円玉くらいの銀河系に関心を持ったのかというと、この中にチカッ、チカッ、チカッと光る星があったからです。その光る方へずーっと近づいていったら、それが太陽系第三惑星の地球という、水色の、とても美しい星だった。この素粒子の上に無数の微生物がいて、チカッ、チカッ、チガッと光っていたのです。

この微生物である地球上の人が、何かをしてもらったときに、笑顔で「ありがとう」と言う。そして言われたほうの人が「ありがとうと言ってくれて嬉《うれ》しい。そう言ってくれてありがとう」と喜ぶと、お互いがそう言い合った瞬間に、この二人を囲む空気がボーッと光るのです。二十秒くらいから数分かけて、だんだんと明るく光っていく。

実際に講演会場を暗くして、みんなで「ありがとう」を言い合ったことがあります。そうすると四十秒くらいで明るくなる、という体験を何度もしました。

この光を遠くから見てみると、チカッと光る。その光に関心を持った神様が、今ここに居ついてくれているらしい。

私たちは、達成目標・努力目標というものを掲《かか》げて、それに向かってその数字を達成するためにこの世に生命・肉体をもらったのではなく、いかに「喜ばれる存在」になるか、ということを実践するために生まれてきました。

その光を発した回数が、神様によって履歴書《りれきしょ》として刻まれます。その履歴書をつけるために、神様はこの地球に宿ってくれているらしいのです。

病室が急に明るくなる

私の友人が、ある福祉《ふくし》大学の教授から聞いた話です。

インドに、ハンセン病に苦しむ人たちの治療やお世話をする、マザー・テレサの施設がありました。

この施設へ、教授が生徒を二十人ほど連れてきて、そこでの介護《かいご》や看護《かんご》を体験させたそうです。そのとき、教授は実際の介護には携《たずさ》わりませんでしたが、介護ボランティアをした、ある女子学生のレポートを読みました。

その女子学生が担当したのは、十代の子供たちが入っている部屋でした。施設には電気照明がなかったそうです。夜になると病室が暗くなるので、ボランティアの仕事は日没《にちぼつ》とともに終えて、日の出とともに始まる、というものでした。

ある日の夕方、部屋の中が見えないくらい暗くなったので、女子学生は仕事を終えて帰ろうとしました。すると、部屋の入口に一番近いベッドに寝ている少年と目が合ったそうです。

少年は、女子学生に「何か食べたい」という仕種《しぐさ》をしてみせました。でもそれまでの少年は、何を話しても反応がなく、何も食べようとしませんでした。食べやすいように果物を切ってあげたり、ジュースにしてみても、目をつむったまま何も口にしなかったそうです。

病気で入院しているのだから、体調が不良で食べられないのも無理はない。けれど女子学生は、その少年に拒否《きょひ》をされているような無力感を覚えていました。

その少年が、初めて「何か食べたい」という意思を示してみせた。女子学生は戸惑《とまど》い、腹立ちを感じたそうです。今まで無視されていたのに、この帰る間《ま》際《ぎわ》になって「何か食べたい」と言われた。けれど、お粥《かゆ》を作って食べさせることにしました。

スプーンにのせたお粥を口に運ぶと、少年は口に含《ふく》んで食べた。食べ終わったときに、両手を合わせて「ありがとう」と言ったそうです。

その瞬間、灯《あか》りがないはずの病室が急に明るくなり、部屋のすみずみまで見えるようになった。見えにくいところまで見えるようになった。

その少年は、翌日亡《な》くなったそうです。

おなかが空《す》いていたけれど、病状が重くて声が出せなかった。だから決して自分を拒否していたのではなかったと分かり、救われた気持ちになった、とレポートには書かれていたそうです。

このレポートを読んだ大学教授は、今まで無視されていた少年と心が通い合ったために、女子学生が明るい気持ちになり、それで病室が「明るく見えた」ように感じたのだろう、と思ったそうです。教授は、そのときは特に気にも留めなかった。

ボーッと光り合う

翌年、大学教授は再び生徒を二十人連れて、マザー・テレサの施設《しせつ》に行きました。

そのときは人手が足りず、教授も手伝うことになったそうです。

担当した部屋は、中高年の患者《かんじゃ》が入っている部屋でした。

ある日の夕方、日も暮れかけて教授は疲れ果てて部屋を出ようとしました。日暮れのために部屋の中は薄暗《うすぐら》くなり、廊下《ろうか》に一番近いベッドだけが、外からの光で見える程度。その廊下に一番近いベッドの老人が手招《てまね》きしているのが、かすかに分かったそうです。「何か食べたい」ということのようでした。

一日の仕事を終えて、帰る準備をしていた教授には大変だったようですが、お粥《かゆ》を作って老人の口に運びました。

それを食べた老人は、ニコッと笑って「ありがとう」と言ったのだそうです。

その瞬間、照明のない部屋にボーッと光が広がり、部屋のすみずみまでかすかに見えるようになった。すると、部屋にいた十数人の人たち全員の姿が目に入ってきました。皆、おいしそうなにおいに誘《さそ》われたのでしょう。「何か食べたい」というジェスチャーをしているのが見えるようになった。

それまでは、日が落ちて部屋の様子は見えていなかった。だから、それは「気のせい」ではないと確信したそうです。前の年に女子学生が書いたレポートを「気のせい」と思っていた教授自身が、同じ現象を体験したのでした。

「ありがとう」という感謝の気持ちが相手に通じて、同じ思いを共有したとき、この人たちの間がボーッと光るらしい。

喜び、喜ばれることで光り合う。

この世に生命・肉体をもらった意味は「光ること」なのです。

「ありがとう」という光を発すると、その光が何かに触《ふ》れて活性化します。ちょうど蛍光灯《けいこうとう》の電極間が光るように、何もないかのように見える空間が光るのです。

「光」の語源は人

一説によれば、「光」という文字は「人」の頭の上から五方向へ光線が発している、という様子が元になっている象形《しょうけい》文字です。この「光」はどういう人から発しているのか、というと「明るい人」。いつもニコニコしていて、楽しい話題や情報を話す人は明るいのです。

電気がない時代、昔の人は楽しくて笑いのたえないことを「明るい」と言いました。今のように電球や街灯のない時代には、夜の闇《やみ》の中で、その明るさを確認できたのでしょう。

世の中の〝問題〟を数え上げるのではなく、いつも「うれしい、楽しい、幸せ、愛してる、大好き、ありがとう、ついてる」という肯定《こうてい》的な言葉を口にしている人は、その人がそこにいるだけで温《あたた》かい光を発している。その人のそばにいるだけで、周りの人が嬉しいという気持ちになったとき、その場所も光るのです。

そのような光を、一生のうちに何度発することができるか。ある人は何十回、ある人は何百回、人によっては何千回、何万回にもなるかもしれません。そのような「光の履歴書《りれきしょ》」を残していくこと。私たちの命が光り合うこと。人生というのは、そのために存在しているようなのです。

「喜ばれると嬉しい」という本能

サルやヒトやライオンという動物は、二つの本能を持っています。自己保存と種の保存。実は、この二つしか動物には与えられていません。そして、ヒトもカタカナで書くと動物と同じ分類になります。

ここに、神という存在があり、神と動物との間に人間という存在があります。人間とヒトは違う生き物です。

「ヒト」は一人で生きていると、ヒト。

「人」は人の間で生きていると、人間。

光ってくれる相手がいないと人間ではありません。お互いに光り合う、という二人の関係があって、初めて「人間」になる。

ヒトは二足歩行する動物であり、自己保存と種の保存の本能を持っています。生物界の三角形の頂点に存在する動物としてのヒトに、神は、神の持っている本能《ほんのう》を与えて、三つ目の本能を持つ人間にしました。

この三つ目の本能とは「喜ばれると嬉しい」というもの。

そして、この言葉を聞いてしまうと、あるいは読んでしまうと、もう後戻りできません。どんなに抵抗しても、実際にこの言葉に触れてしまった、そして今日から誰かに喜ばれたとします。喜んでもらった、ということが、どれほど自分に幸せをもたらすか、ということに気がつくでしょう。

相手の問題ではなく、喜んでくれる人がいる、ということが自分の喜びとなる。情けは人の為《ため》ならず、という言葉が身にしみて分かるようになってきます。人のため、人のため、と言っているのは、偽《いつわ》り。人の為、と書いて偽りという文字が出来ています。喜ばれると、自分が嬉しいのです。

なぜ、私たちは、自己保存と種の保存にプラスして「喜ばれると嬉しい」という三つ目の本能を持っているかというと、神は、この三つ目のエネルギーだけの存在だから。

神は「喜ばれると嬉しい」というエネルギーだけの存在なのです。

神の一部として、そのエネルギーを持っている私たちは、「ありがとう」と光り合い、目の前のことを喜び、感謝しながら、喜ばれる存在になる、という本能が、組み込まれているのです。

第3章　幸せに囲まれる

幸せとは感じるだけ

「結婚」が幸せなのか

「幸せ」という名の絶対的な宇宙現象はありません。幸せに「なる」という現象もない。よく結婚式で「幸せになってね」「幸せになれてよかったね」といいますが、「結婚＝幸せ」という図式が決まっているわけではない。「結婚した」という事実があるだけなのです。

私の講演会の後に、三十人くらい残って一緒に食事をしながらお話しする二次会があります。その日に婚姻届《こんいんとどけ》を出してきた、という二人が参加しました。婚姻届を出した日の夜に私の話を聴きに来た、というので、周りの人たちに

「わあ、おめでとう」と温かい拍手をもらっていた。そこで「何か質問はありますか」というときに、この男性の方がパッと手を挙げた。

「結婚の意味を教えてください」

結婚の意味を問いかけるのは、普通、二十年、三十年経ってヘトヘトに疲れてからのはず。が、その日結婚したばかりで、まだ数時間しか経っていないのに聞く、ということは、ちょっと不思議でした。

「結婚したばかりの質問なので、ちゃんと答えますね」

と私は姿勢を正しました。

「〝けっこん〟とは、夫婦が互いに傷《きず》つけあって、血だらけになっていることを言います」

「血痕」という意味だとわかって、全員大爆笑でした。

幸せとは、なるものではなく、つかむものでもなく、ただ感じるだけ。幸せは、自分の外側にはない。「幸せ」という名の現象、出来事、事件というのもない。「幸せ」とは、「感じるだけ」なのです。

甘柿《あまがき》か渋柿《しぶがき》か

秋においしい実をつける柿ですが、ある農家の方によれば、甘柿の木は二〜三年経つと、渋柿になるといいます。

ところが、その渋柿を焼酎《しょうちゅう》に漬《つ》けると、渋が多ければ多いほど甘くなるのです。ですから渋はどんどん増していってよい、ということになります。そのほうが大きく甘くなる可能性がある。

「一木一草みな理《ことわり》あり」

という言葉が朱子学の中にあります。万物の法則は植物や木などあらゆるものに宿っている、という意味ですが、人生にも同じことがいえそうです。

大病をした人ほど、人生を深く悟《さと》ることができる。

一般的にいう、つらいこと、悲しいこと、大変なことを経験したからこそ、私たちは味わいのある実をつけることができるのではないでしょうか。

そうしてみると、世の中でいう「幸」「不幸」とは、その人その人が感じるだけの裏表であり、絶対的なものではないのです。

「決めごと」を捨てる

決めごとを全部書き出す

面白い出会いがありました。

ある講演会場で、講演後に本のサインをしていたときのことです。並んだ人たちの中に、三十歳くらいの女性がいました。

「とてもいいお話でした。機会があったらもっと聴きたいです」と喜んでいたので、「もし気に入られたのなら、明日は隣の県で講演会があるので、来てみてはいかがですか」とお話ししました。

今は仕事をしていないので、翌日の講演会にも参加します、とのこと。翌日の会場はそこから車で三時間半くらいの場所でした。その人は行き方が分からないので、会場まで連れて行ってもらえないでしょうか、と頼まれ、急遽《きゅうきょ》、友人の車に同乗しての移動となりました。

道中、話をしているうちに、この女性が仕事を辞めたこと、コンピュータの分野に詳《くわ》しいことが分かってきました。そこで、「ちょうど、そういう人を探している会社を知っているのですが、やってみませんか」と話してみました。

そこは通勤もしやすく、条件はかなりよいだろう、と私もその場にいた友人も思ったのですが、その人は「いいえ、行けません」との答え。その理由をたずねると、

「これから大学に通おうと思っています。入学するために、まずは英語を勉強しなければならないのです」

「その大学には、何のために行くのですか」

「いい会社に入るために、いい大学を卒業しないといけないのです」

……今、目の前にいい会社の話があると思うのですが。でも、その人には見

えていなかったようです。その場にいた人たちにそこを指摘されて、やっと気がついた様子。

そこで、自分の中での決めごとを全部、書き出してみるように提案しました。彼女が二時間後には十五個くらい書いてきたので、私は言いました。

「その自分で決めている決めごとで、捨《す》てられるものは全部捨ててみましょう」

そうしたら、全部捨てられたそうです。

つまり、何一つこだわる必要はなかった、ということです。全部、捨てられるようなものだった。

大学へ行かなくてはいけない。大学へ行くためには受験科目に英語があるから、英語を勉強しなくてはいけない。その英語を勉強するためには英語塾に通わなくてはいけない……このように考えて、気分が暗かったそうです。

そして、勉強しなくてもいいし、英語もやらなくていい、と思ったらとても気分が明るくなった。

はじめから富士山へ

人間は、いろいろな決めごとで自分をがんじがらめにしているところがあります。その決めごとは捨ててしまったほうがいい。何かをするためには、何かを乗り越えなくてはいけない、というのをやめる。

たとえば、カメラマンで食べていきたい、生活をしたい、と思った人がいるとします。そういう人は、プロカメラマンと書いた名刺《めいし》を五百枚くらい作って、配《くば》ってしまう。半年くらい経つと、プロカメラマンとしての仕事が舞い込んできます。それも技術ではなく人柄で。人柄がよければ頼まれます。

今はカメラの性能がよいので、シャッターを押せば撮《と》ることができる。デジタルカメラは修整することもできますから、技術は標準的でよいのです。

富士山に登りたい人で、自分は足腰が弱いから、三七七六メートルの富士山に登るためには、まず六〇〇メートルの高尾山から始めるんだ、という人がいました。

私の考えは、富士山に登るために足腰を鍛《きた》えるのだったら、初めから富士山に登ってしまえばいい、というものです。

初めから富士山に登ってみて、三七七六メートルのうち一二〇〇メートルまで行けた。でもそれ以上は登れずに帰ってきました、というのもよいのではないでしょうか。

二回目は二四〇〇メートルまで登れました。

三回目、チャレンジしたら、頂上まで登ってしまいました。

六〇〇メートルの山から始めたら、余力があと六〇〇メートル分あったとしても、それ以上は登れません。もしかしたら、余力があと二〇〇〇メートル分あるかもしれない。

富士山に登りたいのであれば、いきなり登ってみればよい。ダメだったところで帰ってくればいいのです。決めごとをして、何かをクリアしなければ、その本体にチャレンジしてはいけない、という考え方はやめたほうがよいと思います。何か思うのだったら、いきなりやってみる。できる場合もあります。

なれば？

決めごとのない人のほうが、神様は好きなようです。

もし、自分の中に決めごとがあるときは、書き出してみるとよいでしょう。本当に、命をかけてそれを必ずやっていかなくてはいけないものなのかどうか。その決めごとを他人に読ませたら、意外にみんな大笑いするかもしれません。

プロのカメラマンになるためには、写真学校に行かなくてはいけない、と決め込んでいる人がいますが、写真学校へ行った人が全てプロになっているでしょうか。音大を出ないと歌手になれないでしょうか。

技術を高めて、才能を磨いても、それが売れるとは限りません。

芸大へ行かなければ絵を描いてはいけない、というのもやめる。絵が好きなら描けばよい。

幸せになりたいんです。

なれば?

幸せになるためには、これをクリアして、この条件を満たさなければいけないんです。

それ、やめれば?

それだけのことです。

自分が幸せになるためには、この条件をクリアしなければいけない、というのをやめる。私が「幸せだ」と思いたいのだったら、幸せだと思えばいい。

簡単です。そう思えばいいのです。

山ほど幸せを数える

極楽《ごくらく》はここに

一休禅師《いっきゅうぜんじ》の話です。

ある代官が、一休禅師に極楽浄土《じょうど》について尋《たず》ねました。

「地獄《じごく》や極楽は、あるとかないとかいわれますが、どうなんでしょうか」

極楽は西方浄土《さいほうじょうど》ともいいます。西の空は夕焼けで金色に美しく染《そ》まって、まるで極楽のように見えることから、極楽は西にあると、当時は信じられていました。また、東の空が朝日で色鮮《あざ》やかになるので、極楽は東にあるとも、お釈迦《しゃか》様が北枕にして休んでいたということから、極楽浄土は北にあるとも思われていたようです。

これに対して一休禅師は、一説ではこのように書いたといいます。

極楽は 西とは言えど 東にも きた道探せば

みんなみにある（皆、身にある）

極楽は自分の体の外にあるのではない、ということです。

全ての人が、それぞれに事情を持っています。どんな状況であっても、愚痴や泣き言を言わずに、それを笑顔で受け入れて、楽しい話題や情報を提供する。口に出す言葉がいつも明るくて楽しいものであったなら、周りの皆が味方になります。しかも、上の方が味方になってくれます。

今、思えばいい

良寛《りょうかん》和尚は七十四歳まで生きました。その亡くなる三年前の七十一歳のときに、八十歳の老人の訪問を受けます。身なりがよくて品のある、よい家柄の人のようでした。この人が良寛さんにこう言った。

「私は今日まで八十年生きてきました。家業はうまくいっていて、子供も孫もちゃんと家業を継《つ》いでくれて、商売は順調です。私も体が健康で、やりたいことは全部やってきたし、欲《ほ》しいものも全部手に入れたので、何一つ欲しいものや足りないものはありません。非常に満ち足りているこの状態で、百歳まで生きたい。この楽しい状態、幸せな状態のまま百歳を迎えるには、どうしたらよいのでしょう」

良寛さんが答えました。

「今、百歳だと思えばよい」

この話は、これで終わりです。

百歳まで生きたいのなら、今、百歳だと思えばよい。そうすれば、今日から百歳と一日。明日は百歳と二日。

「今、思えばよい」

という一言に万感《ばんかん》の思いがあることに気がつくでしょうか。

「私は、ずっと幸せになりたいと、八十年間努力してきました。どうしたら幸せになれるでしょうか」

と聞いているのと一緒です。

今、幸せだと思えばよい、のです。

幸せはどこに？

ドイツの詩人カール・ブッセは「山のあなた」という作品でこう書いています。(上田敏《うえだびん》訳)

山のあなたの空遠く「幸《さいわい》」住むと人のいう。
噫《ああ》、われひとと尋《と》めゆきて、涙さしぐみ、かえりきぬ。

山のあなたになお遠く「幸《さいわい》」住むと人のいう。

山の彼方《あなた》に「幸《さいわい》」が住むというので、友人と訪ねてみた。ところが、山の彼方に「幸《さいわい》」というものはどこにも存在せず、涙を流しながら帰ってきた、という意味です。

幸せは、山の向こうにはない。幸せは求めに行くものでも、手に入れるものでもない。

メーテルリンクは、ベルギーの詩人、劇作家です。その作品『青い鳥』でノーベル文学賞を受賞しました。

二人の兄妹チルチルとミチルは、夢の中で幸せの象徴《しょうちょう》である『青い鳥』を探しに行きます。過去や未来の国を探し回りますが、目が覚《さ》めたとき、その幸せの青い鳥は自分たちの部屋の鳥かごにいた、というお話です。ちなみにこの青い鳥は、日本中で見られるキジバトがそのモデルになっているそうです。

現象には色がない

お釈迦《しゃか》様は、般若心経《はんにゃしんぎょう》の中で、

「色即是空《しきそくぜくう》」

という言葉を残しました。全ての私たちの感覚は「空《くう》」です。

「空」とは、存在しているけれど、現象に色づけや性格づけされていない、ということ。たとえば、コップに半分の水が入っている状態のことは「空」といいます。水は入っているけれど、性格づけされていません。

「無《む》」とは無いことをいいます。コップに水が無いのは「無」。

「空」と「無」は違います。

そして小林正観は、「幸も不幸も存在しない。そう思う心があるだけだ」と言ってきました。

六人に共通する幸せの本質

今挙《あ》げた六人に共通していることは、「幸せの本質」について語っている、ということです。「幸せ」を考えるとき、自分の体の外側について言われてきたけれど、幸せは私の感じる心にある。幸せに気がつくだけ。

「幸せ」になるには、思えばよいのです。

「でも、日本で一番の売り上げがないと」

「県で一番の売り上げがないと」

誰が決めたのでしょう、その決めごとを。

幸せを感じるのは、今、ここで思うだけでいい。何か条件づけする必要はない。

「ああ、幸せ」

と思ってしまえば、いい。そして、それを口に出して言ってしまうと、とても幸せだということに気づくでしょう。

病気であっても、幸せだと思う人は幸せです。家族がいて、たとえば妻《つま》や夫がいて、子供がいて、この家族とケンカをしたり言い争ったりしない。これも幸せなこと。二十五年間一緒に暮らしてきて、今日も家族はケンカをしてこなかった。

友人が電話をかけてきた。この友人は今日も、ケンカをしかけるような電話ではなく、楽しい話題の電話だった。これで一つ。

二回目の電話でもケンカをしかけてこなかった。三回目も穏《おだ》やかで楽しい話題だった。

こうすると、山ほど幸せを数えることができます。

駅に行くまでに五十人の人とすれ違ったとします。

一人目の人が私をどなったりしなかった。ものすごく幸せだった。これで一つ。

二人目の人がどなったりしなかった。これが二つ目。

三人目の人にもどなられなかった。無事に駅に着くことができた。

このようにして幸せを数えていくと、この世の悩《なや》みはゼロになってしまいます。悩み事をいちいちあげつらう時間があったら、今、幸せだ、と言って幸せを山ほど数え上げてみれば、膨大《ぼうだい》な数の幸せに囲まれていることに気がつくでしょう。

気がついたら、実は悩み苦しみをあーじゃこーじゃ言っている自分の不遜《ふそん》さ、謙虚《けんきょ》でない、ということも分かってきます。

幸せから感謝へ

神様は応援する

どれほど恵まれているかに気がついたとき、最終的にいきつくのは感謝《かんしゃ》。感謝をたくさんしている人は、神様がたくさん応援したくなるらしいのです。

神様は、その人が多く口に出している言葉を、もっとたくさん言わせてあげたいと思うようです。その人が、その言葉を大好きらしい、と思ったとき、限りない優《やさ》しさをもった神様は、その言葉をたくさん言いたくなるように現象を起こしてくれるらしい。

不平不満、愚痴、泣き言、悪口、文句を言うのが好きな人は、そんなにそれを言うのが好きなら、そう言いたくなるようにしてあげよう、という構造になっている。

そして、うれしい、楽しい、幸せ、愛してる、大好き、ありがとう、ついてる、という喜びの言葉をたくさん口に出している人には、もっと言わせてあげよう、というので、喜びの言葉が出てくるような現象を次から次へと起こす。

神様は、そういう「喜ばれると嬉しい」というプログラムを持った知性体らしいのです。

「ありがとう」はカウントされる

ヨハネによる福音書の冒頭に、次のような言葉があります。

太初《はじめ》に言《ことば》あり
言《ことば》は神と共にあり

言《ことば》は神なりき

　この言葉をじっくりかみしめると、世界創世のときの世界観を語ったものではなく、聖書ができてから二千年以上経《た》った今も、宇宙を支配している大きな法則をひもといたものではないか、と思えてきます。これは宇宙の大きな仕組みの発見かもしれません。

　自分がその言葉をたくさん言ったとき、その口からたくさん出る言葉に神が反応して、その言葉をまた言わせたくなるように現象化してくれる。それが分かったら、一番良い言葉は「ありがとう」ではないか、と気づくのではないでしょうか。

「ああ、幸せ」でもいいし、一番楽しそうなのは「ありがとう」という言葉です。

「ありがとう」は言えば言うほど、上のほうで数がカウントされるようです。そのカウントされた数だけ、天上界にいる神様の持っているたらいに宝物が貯《た》まっていきます。

その神様はたいへん華奢《きゃしゃ》な方で、宝物を持ちきれないらしい。「ありがとう」が貯まっていくと、たらいに載《の》せている宝物を持ちきれなくなって、ドッと手放してしまいます。

その「ありがとう」は天上界から落ちてくるとき、一部は金銀財宝になりますが、一部は温《あたた》かい人間関係や友人関係になったり、社会で面白いことが起きる、という意味でいろいろな楽しい現象になって降ってくるようです。

それを楽しみながら生きる。

そういう宇宙の仕組みを使いこなしたほうが得かもしれません。

肯定の目でみる

めちゃくちゃ運が強かった松下幸之助

「経営の神様」と呼ばれた松下幸之助《まつしたこうのすけ》さんは、多くの経営者の目標とされてきました。

松下電器産業を一代で築《きず》き上げた創業者ですが、その人生は、出発点としては決して順調ではなかったといいます。

比較的裕福《ゆうふく》な家に生まれましたが、父親が米相場に手を出して失敗し、全ての財産を失ってしまいました。そのため小学校を中退し、九歳で大阪の火鉢屋《ひばちや》に奉公《ほうこう》に出されます。

また、両親と八人兄弟の家族は、松下さんが二十六歳になるまでに全員が病気などで亡くなり、そのうえ松下さん自身も、二十歳頃に肺尖《はいせん》カタルにかかってしまうのです。

お金がなく、家族もなく、学問がなく、体が弱い。

このような状況は、一般的には不幸で運がない、と思われます。

が、生前の松下さんはいつも、自分は「運が強かった」と言っていたそうです。

創業間もない頃に、でき上がった製品を自転車に載せて運んでいたときのこと。四つ辻で急に自動車が飛び出してきて、松下さんは自転車ごと突き飛ばされてしまったそうです。

しかも、飛ばされたところが電車道で、積んだ荷物は散らばり、自転車はグシャグシャのところへ電車が来たのですが、二メートル手前で止まってくれたのです。

そのことをも松下さんはこう言っています。

「〝自分には運がある〟と思いましたね。そして、運があるなら、ことに処して自分はある程度のことはできるぞ、というように何げなく考えたのです」

普通は、交通事故にあったことを不運だ、不幸だと言うでしょうが、そうは考えなかったのです。

運の良し悪しはない

松下さんの下で長年勤めてきた、ＰＨＰ研究所の元社長である江口克彦《えぐちかつひこ》さんは、そのことについてこのようなことを言っています。

「松下さんの、出来事の肯定的解釈について感じるのは、運の強さとはまず、自分に降りかかる全てを、自分は運が強いととらえる、そういうことによって、その人の身につくものではないか。運の良し悪しは、もともとないのではないか」

運が強いと言っている人に強い運が降ってくるように、宇宙はなっているらしい、という話です。

現象は全部ゼロとして存在していて、それに対してどのような評価を与えるかは、全部自分なのです。

現象はすべてゼロ

悩み苦しみはどこにもない

お釈迦《しゃか》様は、三十五歳でお悟《さと》りになってから八十歳で亡くなるまでの四十五年間、教えを説いて回りました。四十五年間も説法が続く、ということは、その教えが人々に本当に受け入れられていた、お釈迦様の教えを聞きたいという人が切れ目なく続いた、ということがいえるでしょう。

もともとお釈迦様は自分で文章を書いたり、本を書いたりはしていません。自分の教えが後世に残ってほしいというふうには思っていなかったようです。

そのお釈迦様が、この教えだけは後世に伝えたい、と願ったと思われるものが「般若心経《はんにゃしんぎょう》」でした。まとめられたのは後世のことですが、その思想が後世にまとまったということになります。

観自在菩薩《かんじざいぼさつ》行《ぎょう》深《じん》般若《はんにゃ》波羅蜜多《はらみった》時《じ》

自在に物を見通す力を持った菩薩《ぼさつ》様（観世音《かんぜおん》菩薩様といいます）が、より深く人類を救済するための行に入っていたときのこと。

パーンニャ（般若）というのは、パーリ語という、現代では使われていない言葉で「人類を救済する智慧《ちえ》」のことをいいます。

パーラミッタ（波羅蜜多）、これは「至上の、これ以上ない最高の」という意味です。

自在に物を見通す力を持った菩薩様（観世音菩薩）が、人類を救済するこの上ない最高の智慧をさらに深めるための行に入っていたときのことです。

照見五蘊皆空《しょうけんごうんかいくう》

照らし見るに、五蘊《ごうん》はみな空なり、とお悟りあそばされた。

自分の目の前に起きている現象全てを「五蘊」といいます。五蘊の五つは「色《しき》」「受《じゅ》」「想《そう》」「行《ぎょう》」「識《しき》」のこと。この五蘊はみな空。「空」というのは、存在はしているが性格づけされていない、というのが私の解釈です。

余談になりますが、般若心経の中には「空」と「無」という文字が両方使われており、解説には「空」と「無」がイコールである、としているものが結構あります。国語的にみても、「空」と「無」はまったく違うもの。私は物書きが本業なので、国語的解釈を簡単に言いますと、「空」と「無」の漢字が二つ使われているということは、意味が二つある、ということです。

「空気」というのは「何かあるらしいけれど、目に見えない」ということ、これを日本人は空気といった。たとえばうちわであおいだときに風がやってくるので、見えないけれど何かがあるらしい、と思った。これが「空」であり、

「空気」。「無」とは無いことなのです。

度一切苦厄《どいっさいくやく》

したがって、一切の悩み苦しみは全部、此岸《しがん》（私たちが生きているこの世）から、向こう岸である彼岸《ひがん》（仏の世界）へ渡すことができる。瞬時にして渡してしまえば、悩み苦しみはどこにもないんだ、とお釈迦様は言いました。

全部、自分が評価して決めている。たとえばこの本を今、手に持って読んでいます。「この本は重いですか、軽いですか？」と誰かに聞かれたら、その答えは「答えられない」。なぜなら、決めるのはこの本を持っている人自身ですから、聞かれたほうの人には決めることができません。

重いか軽いかは、宇宙的な現象としては存在していない。

風邪をひいて三日間寝込んでしまった。ではこの三日間はプラスでしたか、マイナスでしたか？　これも、自分にとっての価値観は決められるけれども、宇宙的な一般論としては答えられない。「三日間体を休めることができた」と思えばプラスです。

私たちが不幸や悲劇と思い込んでいるものは、実は全て自分で決めているのです。

自分のとらえ方も「空」

お釈迦様の教えである般若心経は、市販されている解説本では難しく書かれているものもありますが、本当はとても簡単なのかもしれません。「照見五蘊《しょうけんごうん》皆空《かいくう》」、これだけのように思います。

般若心経の二百六十二文字を何十回、何百回と写経している人もいますが、これは不要かもしれません。写経するのであれば「皆空《かいくう》」だけで十分。なぜなら、お釈迦様が言っているのは、全ては空ですよ、ということだからです。

「五蘊皆空」の五蘊とは、先述したように色受想行識《しきじゅそうぎょうしき》の五つをいいます。

「色」とは、形のあるもの、存在するもの、ものの姿形です。

その形あるもの、たとえばマリリン・モンローのような素敵《すてき》な人がいた。これが「色」。

「受」、その姿形を見て何かを感じ、受け止めた。「あ、可愛《かわい》い、素敵だ」と思ったのが「受」。

「想」、感じたり受け止めた結果として何か想《おも》いが生じた。「結婚したい」と想ったのが「想」。

「行」、そう想った結果として、自分の体が動いて何か行動を起こした。走っていって「結婚して」とプロポーズしたのが「行」。

「識」そして、その行動の結果がどうなったかを認識した。プロポーズした結果、相手にゴン、とたたかれてコブを作って帰ってきた。これが「識」。

この五つの、全ての心の動き、体の動きを五蘊といいます。その五つの自分のとらえ方も全部「空」ですよ、ということです。価値は自分が勝手に決めている。

だから、ありとあらゆるものが清《きよ》らかなこともないし、汚《きたな》いということもないし、増えるということ、減《へ》るということもないのだ、と例を挙げていっています。

結局、お釈迦様が二千五百年前に言っていたことは、私たちが「これは幸福だ、不幸だ」と言っていることも全部「空」。人間が勝手に色づけしているだけなのだ、ということです。

宇宙には論評評価の対象になるような現象がないので、いろんなことを考える必要はない。それが分かると、悩み、苦しみというのは此岸《しがん》から彼岸《ひがん》へ渡すことができます。

だから、「羯諦羯諦《ぎゃていぎゃてい》」さあ行きましょう、さあ行きましょう、と言っています。

受《う》け容《い》れたその先は「感謝」

では、病気が辛《つら》いとか、事故に遭《あ》って辛いというときにはどうすればよいか。

お釈迦様が言ったのは「受け容れる」ことです。受け容れれば、どこにも問題がなくなってしまいます。そして、その受け容れることの頂点が、松下幸之助さんのような生き方なのでしょう。

私は、この生き方を宇宙の法理・法則として理解してしまいました。努力や頑張りによって神が応援するのではない。

努力や頑張りをしてもいいのです。でも、努力して頑張った結果として、「こんなに頑張っているのに、どうして自分は恵《めぐ》まれなくて、こういう結果しか出てこないの」

と言った瞬間に、全部、結果がゼロになって出てくるようになっているようです。その努力、頑張りは、まったく宇宙の中では評価されていない。

自分の目の前に起きたことについて何一つ不平不満《ふへいふまん》、愚痴《ぐち》、泣《な》き言《ごと》、悪口《わるぐち》、文句《もんく》を言わないということが、地球や宇宙や神様から評価をされます。その起きることというのは、病気や事故、災難、トラブルも入ってきます。そのことに不平不満を言わない。

そしてさらに「夕焼けがきれいだね」「青空がきれいだね」「自分の目の前にいる友人が、全部素敵な人で、私はありがたい人間関係に囲まれている」と、ありとあらゆることに喜びを感じ、幸せを感じて、さらに「ありがとう」と感謝を感じている人は、努力や頑張りには関係なく、神や宇宙から支援《しえん》をいただけるようです。

第4章 感謝とは「プレゼント」

感謝していればストレスはない

クヨクヨしない

今、日本人の二十代の若者で一番多い死因をご存じでしょうか。第一位は、自殺、第二位が不慮の事故です。そして第三位は、悪性新生物、つまりガンです。

私たちは、魂《たましい》が肉体という着ぐるみを着ている状態です。

一人一人、全ての人が生まれる前に着ぐるみを選んで決めてきました。この着ぐるみには一長一短があります。ほっそりして、手足が長くて色白、目はぱっちり、というタイプがいます。

反対に胴《どう》が長くて色黒、ちょっと太めで、たくましく生き抜くことができるタイプがいます。

見た目がよくて、誰からも愛されて長命なのだったら、誰でもそちらを選ぶでしょう。だから、どちらにも良い点があるように、バランスよく作られました。

生まれてくる前に、着ぐるみのある三種類の部屋へ行きます。一つは、見目《みめ》形《かたち》がよくて短命、という着ぐるみの部屋。もう一つは、見目形はどうでもよいけれど長命の部屋。そしてこの間にもう一つ部屋があって、ここには見た目がほどほどで、寿命もほどほど、という着ぐるみが入っています。

私たちは、この三種類の部屋のどれかから、自分の意志で着ぐるみを選んできたようです。

泉重千代《いずみしげちよ》さん（一八六五――一九八六）といえば、元世界最高長寿《ちょうじゅ》の記録保持者として有名ですが、長寿の秘訣《ひけつ》を聞かれて「クヨクヨしないこと」と「神様と仏様とお天道様《てんとうさま》のおかげ」をあげたそうです。そしてある記者が遊び心で、聞いてみた。

「重千代さん、今でも女性に興味はありますか？」

さすがにここまで高齢になると「もう興味はない」という答えが返ってくるだろう、と思っていたら、

「そりゃ、あるわな」

記者はおどろいて、さらにこう聞きました。

「そうですか、どんな女性がタイプなのですか？」

「そうじゃなあ、わしは年上の女が好みじゃ」

世界最高齢ですから、年上の人は世界中どこにもいない。

このことからも長命の人に共通していえるのは、

「クヨクヨしない」、「年を取ったという自覚がない」ということのようです。

ストレスは体に影響を与える

ところで日本人の死因は、第一位がガンで三〇・四％、第二位が心臓麻痺《まひ》・心筋梗塞《しんきんこうそく》で約一六％、第三位が脳梗塞《のうこうそく》・脳溢血《のういっけつ》で約一一・八％です（編集注：単行本刊行時の二〇〇八年）。三つ合わせると、だいたい三人に二人がこの三つが原因で亡《な》くなっています。

第一位のガンは免疫不全《めんえきふぜん》、第二、三位は高血圧から引き起こされていて、その原因はどちらも「ストレス」。日本人の死因の約六〇％にストレスが関わっています。

整体師をやっている五十代の男性が、講演会の後の自己紹介で話してくださったことがあります。

「私は、これまでずっと、健康を維持するためには食事、運動、姿勢の三つが大事だと患者さんに話してきました。でも正観さんに会って、その価値観がガラガラとくずれてしまいました。健康に大きく関わっていたのはストレスだったのですね」

私は、食事は何でも食べますし、運動はしていません。私の講演会に参加した方はお分かりになると思いますが、話すときの姿勢も背筋を伸ばしたりはしていない。むしろ猫背《ねこぜ》気味に、肘《ひじ》で体を支えるようにして話しています。見た目は虚弱体質そうですが、実はこれまで病気をまったくしていません。

一番重要なのは「ストレス」が体に影響を与える、ということらしいのです。

明治初期に、日本で初めて平均寿命が調査されました。平均寿命は、その年に亡くなった人たちの年齢を平均値にして出したもので、零歳の人があと平均何年生きられるかを示しています。その平均寿命が、明治初期には三十歳ちょっとでした。

江戸末期を生きた良寛《りょうかん》和尚は、一八三一年に七十四歳で亡くなりました。そして今から二千五百年前のインドで、お釈迦様は八十歳まで生きました。二人とも、時代背景からみてもかなりの長寿だったといえるでしょう。

この二人のように、悟ったといわれている歴史上の人物には、長命の人が多いようです。悟った人にはストレスがない、ということも関わっているかもしれません。

血が通わないと「うつ状態」に

人間は、ストレスを感じると血管が収縮《しゅうしゅく》します。動脈の場合は直径五ミリあるものが〇・五ミリになっても流れてはいきますが、毛細血管になると、直径が〇・一ミリくらいしかない。ストレスを感じて毛細血管が収縮すると流れが止まってしまいます。血液が末端までいかなくなってしまうのです。

その、毛細血管の末端にある細胞の種類は三つに大別されます。

一つ目は脳細胞。脳の中にたくさんの毛細血管が張りめぐらされて、脳細胞を生かしています。

二つ目は、臓器《ぞうき》に張りめぐらされている毛細血管。この臓器――肝臓《かんぞう》や腎臓《じんぞう》、心臓、肺――というのを動かしているエネルギーは酸素であり、その酸素を運んでいるのが血液、血管です。

三つ目は、筋肉。スポーツ選手が監督やコーチにどなられてストレスを感じると、毛細血管がキュッとしぼんでしまいます。そうすると、筋肉に血がいかなくなるので、筋肉は硬直した状態で動かなくなる。

脳の細胞に、毛細血管が収縮して血がいかなくなると、どうなるか。

脳細胞を豆電球にたとえると、脳細胞に血がいかなくなることは、細い電線の先にくっついていた豆電球が光らなくなる、ということです。電気がいかなくなってしまったからです。そのために、豆電球に電気が届かず、光ることができなくなった、この状態を「うつ状態」といいます。

電気（血液）が来たり来なかったり、という間は、うつ状態とそう状態を繰り返しますが、電気が来ない状態がずっと続くのが「うつ病」。脳の血管が、細く収縮して血が来なくなるのは、ストレスが原因です。電気がいきわたって、豆電球が全部ついている人を「明るい」といいます。

臓器に血液を送る毛細血管のほうが、より早く収縮して影響を受ける場合には、臓器不全、つまり病気になります。臓器は丈夫だけれど、脳の毛細血管のほうが影響を受けやすい人は病気になる前にうつ病になります。うつ病も、体の病気も一緒。両方とも、毛細血管が閉じた結果ですから、どちらが早いかによります。

脳も臓器も同じくらいに弱い人は、うつ病になったと同時に病気になるらしい。でも、どちらも同じくらいに強い人は、うつ病にも病気にもならないらしい。

ここに「ストレス」が大きく関わっています。そしてストレスとは「思い通りにならないこと」です。

ストレスという宇宙現象はない

私の講演会に、ある瞑想《めいそう》法のインストラクターという人が来られました。

その瞑想は、「神が教えた、ストレス解消のための瞑想法」なのだそうです。

画期的なすばらしいものなのでぜひ世の中に広めていきたい、という話でした。が、生徒の数を聞くと三人程度でなかなか増えない、とのこと。

「その神から教えられた瞑想法、というのは本物ではないように思います」と私は申し上げました。なぜなら、「ストレス」とはその人間の作り出したものであり、宇宙にもともと存在する現象ではないからです。

「ストレス」は英語で、圧力、応力《おうりょく》。本来は金属業界の専門用語として使われていました。鋼《はがね》を強くするために、一定の強さで圧力をかける。そのぎりぎりのところまで圧力をかけられることで強くなるのだそうです。

鋼の場合は、ある一定までのプレッシャーを何千回も何万回も跳《は》ね返《かえ》すことができますが、アルミニウムやジュラルミンの場合は、少しずつ金属が疲れていって、あるときに壊《こわ》れてしまいます。これが金属疲労（ストレス）というものので、それが転じて精神的、心理的な用語として使われるようになりました。

絶対論としてのストレスはない、そしてストレスとは、自分の思い通りにならないことなのだ、ということが分かってくると、解決法が見えてきます。

それは「ストレスを感じない自分を作る」ということ。

解決法は、一つに「いろいろな思いはあるけれど、世の中は思い通りにならないものよね」と思うことがあります。

その前の段階として「世の中は、思い通りにならないことだけなのよね」と思い切ってしまうのも、一つの方法。

さらにその前にある根本的な解決法は、「思い」そのものを持たないこと。思いを持つ、ということは「あれがほしい」「この願いが叶《かな》ってくれたらいいのに」「今の状況を改善して」と要求することでもあります。このように夢や希望に満ちているのは、今の状況がそうではないから不満だ、と言っていること。今、囲まれている事情が気に入らない、という不平不満に宇宙は反応しません。

「私は今まで、誰にも迷惑《めいわく》をかけずにちゃんと生きてきたのに、病気になった。これはどうしてでしょう」と言いに来た人がいます。ちゃんと生きてきたかどうかについての論評はしませんが、誰にも迷惑をかけていない、という考え方自体が違っているのではないでしょうか。

生まれてから、親の手をかけずに一人で大きくなったという人はいないでしょう。誰もがたくさんの手間や面倒をかけて、ここまで生きてきました。

また、車で道路をとばしているときに、道を渡ろうとしているたくさんの蟻《あり》の上を通ってきている、ということも、気づかずにやっているかもしれない。

誰もが、誰かや何かに迷惑をかけながら生きているのです。

私たちは毎日、魚や肉などたくさんの命をいただいています。だから菜食《さいしょく》主義になるべきだ、ということではありません。その命に感謝して、いただいた命、エネルギーを他の全てに喜ばれるように使うことです。

感謝している人＝要求がない＝ストレスがない、のです。気がつかないだけで、毎日、何事も起こらずに無事に過ごしているという奇跡《きせき》。このことに気づいて、感謝が始まると、それまでとまったく違う生活になるようです。

リラックスして、笑う

能力を使うには「リラックス」

日本人の三大死因がガンと心疾患《しっかん》、脳血管疾患という話をしました。それらを引き起こすのが免疫不全と高血圧。この二つを一気に解決してしまうものがあります。

それは「笑い」。笑うと免疫細胞がものすごく活性化して、一回笑うだけで二千個のガン細胞が消えてしまう。健康な人は、一説には大体二百万個のガン細胞を体に持っているので、毎日二百回くらい笑って十日間過ごすと、それだけでガン細胞がなくなってしまいます。だから、損得勘定《そんとくかんじょう》で見ると笑ったほうが得。

私たちの頭の中には大体百二十億個くらいの脳細胞が入っています。頭の大きい人ほど、脳細胞の数が多いので、潜在能力《せんざいのうりょく》は高いというわけです。ところが普通の人は、その百二十億、百三十億のうちの一五％しか使っていないそうです。東京大学を首席で卒業するような人で二五％くらいです。有名なアインシュタインは四〇％使った、ということが分かっています。天才でも四〇％くらいしか脳細胞が使われていないのです。

人間は、生まれながらにして持ってきた能力の八五％が全く未使用のまま人生を終えてしまう。せっかくなら、この中に自分の能力がどれほどあるかを確認してみたいと思いませんか。

その八五％を使いこなすキーワードというのは、とても簡単。

キーワードは「リラックス」。そして、潜在能力を使いこなすためにやってはいけないのが、執着《しゅうちゃく》。こだわって、どうしてもそうしたい、と思った瞬間から、その能力はパタッと閉じられてまったく使えなくなります。

潜在能力や超能力というのは、リラックスしていないと出ないようです。

なぜだろうか、と考えました。自分の思うようにするぞ、といつもイライラして怒りの想念などが満ちあふれている人に、神は超能力の八五%を開放したくなかったようです。

なぜかというと、恨みや憎しみで超能力を使うようになると、社会が大混乱するから。

そのような思いが充満してしまうと、神が意図した穏《おだ》やかな世界は実現しないからです。穏やかでにこやかな人だけに、八五%の領域を開放してもよい、と神は決めたらしい。

そのためには、リラックスして、笑うこと。これはとても大事な条件です。

笑わない人は痛みがとれない

講演会場に百人くらい集まると、絶対に笑わない人が一人か二人、必ずいます。大体六十代、七十代の人が多いのですが、講演が終わるとその「笑わなかった人」が、必ずといってよいほど質問に来ます。

「ちょっと聞きたいのですが」

「何でしょうか」

「二十年ほど前からリウマチでずっと痛いのです」

何をやっても、西洋医学や東洋医学でも痛みがとれないのですが、どうしたらいいでしょうか、と。

面白いことに、痛みがとれない人は共通して「笑わない人」でした。

笑うことによって、脳の中にβ《ベータ》エンドルフィンという物質が分泌《ぶんぴつ》されます。βエンドルフィンは三つの機能を持っていて、一つ目は先に触れたように免疫力を高める。二つ目は、血液をサラサラにし、結果として血圧を下げる。

三つ目は痛み中枢に直接働きかけて、痛みを麻痺《まひ》させてしまう。これを脳内モルヒネといいます。モルヒネは痛みを感じなくさせる作用がありますが、これと同じものを作る機能が、人間の脳の中にあるのです。

その脳内モルヒネをたくさん分泌させるための方法が「笑う」こと。

笑わない人が痛いのは、一言で言うと「投げかけたものが返ってくる」。不《ふ》機《き》嫌《げん》にしていることが、自分に痛みとして返っている、ということらしい。

ゲーテ曰《いわ》く「人間の最大の罪は、不機嫌である」。

この言葉はすごいと思います。人間の最大の罪は、人を殺すことや盗むこと、だますことだとは言っていない。不機嫌は、周りの人を不愉快《ふゆかい》にして、空気を変えてしまうので、その人がそこにいることの意味がマイナスになってしまいます。周りを明るくして楽にするよりも、周りを暗くしてつまらなくしてしまうので、「最大の罪は不機嫌である」と言ったようです。

ですから、とにかく笑ったほうがよいのです。

笑いながら走る金メダリスト

カール・ルイスの話をしましょう。

彼は一九八四年のロサンゼルス・オリンピックに始まり、一九八八年のソウル、一九九二年のバルセロナ、一九九六年のアトランタと、オリンピックに四大会連続出場した陸上競技の選手です。そして通算で九個の金メダルを獲得《かくとく》しました。

その四回の大会で彼をナンバーワンにしたコーチが、二〇〇一年にスポーツ番組のインタビューで答えているのを見たことがあります。

カール・ルイスはその前に引退していたので、今なら指導法の秘訣《ひけつ》を教えてもいいだろう、ということで出演したそうです。そのインタビューはほんの数分間でしたから、これを見ることが出来たのは私にとっても大変ラッキーでした。

カール・ルイスに対してこのコーチがしていた指導法は、

「走り出して五十メートルを過ぎたら笑うように」

というものでした。

カール・ルイスは不器用《ぶきよう》な選手で、スタートが非常に苦手だったそうです。

でも、百メートル走で最初の五十メートルまでは遅れていたのが、五十メートルを過ぎると、前の五、六人を一気にダダダッと抜いて一位でゴールインする。そのパターンでいつも優勝していました。その秘訣は、「笑う」ことだった。

体に力を入れないように、必ず手を開いて走り、五十メートルを過ぎたら、さらにニーッと笑う。その瞬間に、体の筋肉がものすごくしなやかになり、一気に加速して一位でゴールイン。

人間は、面白いことがあってニーッと笑うと、口角《こうかく》（口の両端）から指三本分の位置を刺激します。ここは笑いのツボといって、刺激をすると体中がリラックスをして、筋肉がしなやかになり、よく動くようになります。そのことを、このコーチはカール・ルイスに徹底的に教え込んだのでした。

自分自身で何とかするぞ、と力むのではなく、力を抜いて全部お任《まか》せをする、というところに心をゆだねることができると、心も体も楽になります。

神様や宇宙は、お任せされるとやる気になるらしい。でも自分の自我で頑張っている人には関心を示さない。

リラックスして、笑いながら、ゆだねてみると、宇宙や神様の味方も得られるようです。

闘わずに受け容れる

闘わないでガンが消えた

闘わなくていい、夢や希望を持って闘《たたか》うのではなく、受《う》け容《い》れれば良い、ということの実例を新聞記事でみました。

すい臓ガンで、余命《よめい》一年と宣告され、残された人生を楽しもうと、財産の全てを処分して現金にし、外食や旅行などで貯金を使い果たしたイギリスの男性が、病院側に賠償《ばいしょう》を求めたそうです。

余命宣告を受けて二年が過ぎたところで、ガンではないと判明したけれど、そのときは既に仕事を辞《や》め、持ち物を全部処分していた。財産を全て使ってしまったため、病院に一部を補償《ほしょう》するように、とこの男性は言ったといいます。
病院側は「同情はするが、診断の結果としては別の結論はあり得なかった。
二年前は確かにガンだった」とコメントしているとか。

この男性は末期ガンでどうしようもなく、後は死ぬだけです、というような宣告を受けたらしい。それで家屋敷《いえやしき》を全部売り払い、一年間遊び続けたのだそうです。さらに命が続いたので、二年間遊んだところでお金が全部なくなってしまった。

宣告を受けてから二年が経《た》つのにまだ命があることを不審に思って、再び調べてみたら、ガンがなくなっていたそうです。これは誤診《ごしん》だから補償するように、と病院側を訴《うった》えたという話でした。

目の前の現象と闘って思うようにしよう、としているうちは神様は味方をしません。が、その状況を受け入れて、ニコニコとリラックスしながら生きていくと、神様が味方をしてくれることがあります。

この男性は、死を覚悟し、遊び続けたので、ガン細胞が消滅してしまったらしい。せっかくガン細胞が無くなったのだから、闘わないほうがいいのかもしれません。

向上させなくていい

ガン細胞を敵だと思い、「ガンと闘うぞ」と決意する人がいますが、これをガンファイターといいます。ガンファイターは必ずガンに倒れます。闘うからでしょう。

ガン細胞が自分の体に宿ったときに、ガン細胞を味方だと思うと、ガン細胞が味方をしてくれる可能性があります。このガン細胞にマイクを持っていって、話を聞いてみたとしましょう。

「今のままの生活を続けていくと、あなたの体はこのまま死んでしまうから、もうちょっと違う生き方をしたほうがいいよ」

と、生き方を変えるようにガン細胞自らがその人に知らせに来てくれているのです。今のままの生活、というのは、頑張ることや努力すること。競《きそ》うこと、比《くら》べること、抜《ぬ》きん出《で》ること、自分を叱咤激励《しったげきれい》して上を目指そうという生き方をしていると、体が嫌がります。

人間の体はもともとそういうふうにはできていない。周りの人に喜ばれるように生きる、ということが、人間として肉体をもらった意味です。

他人と比べて抜きん出る、という意味での自己向上は、必要ありません。闘わない、これはガン細胞がゼロになる方法論の一つとして面白いと思います。頑張って頑張って、努力をして自分を追い込む、という生活を体は望んでいないので、自分の体を痛めつけないこと。

そういうふうに、頑張るのをやめて、他人に手を合わせながら、周りの人のおかげで生きている、というところに切り替えて生きることにすると、楽に生きることができるかもしれません。

ありがとうが現象を変える

意識の密度が現象の密度

私がこれまでに得てきた宇宙法則の一つに「意識の密度が現象の密度である」というものがあります。

具体的にどういうことかというと、二十回お茶を淹《い》れたときに一回茶柱《ちゃばしら》が立った。そのときに「わあ、茶柱が立った」と、その茶柱が立った現象のほうに関心を示していると、二十回に一回茶柱の立つのが、二十回に二回になり四回になり……と、そういう現象の密度の濃《こ》さを示すらしい。

二十回のうち十九回は茶柱が立たなかったことに「また茶柱が立たなかっ

た。また今回もダメだった」と言っていると、茶柱が立たない方向に現象が偏《かたよ》るみたいです。

そういう宇宙の法則を教えてもらって、そういう目で見ていると本当にそうだった。関心がいったほうに対して密度が濃くなるのです。

だから「晴れなきゃいやだ」と思っている人が、

「今日も晴れなかったよね。いやだよね、雨だよね、曇《くも》りだよね」

というほうにばかり関心がいくと、どうもその人が行く先々では晴れない、というふうにどんどん現象の密度が増す。そして、「晴れたから嬉しい」と言っている人は、

「ああ、晴れるのが好きなんだったら、どんどん晴れにしてあげよう」

というので行く先々が晴れるという現象もあるらしい。

私自身、そのつもりで物事をとらえるようにして、「意識の密度が現象の密度」をなるべく意図的にやるようにしてきたところ、本当にそうだということを身をもって体験してきました。

反対に、否定的なほう、楽しくないほうにばかり関心がいって、

「また思う通りにならなかったじゃない」

と言っている人は、思い通りにならないほうばかりが起こるようになっているらしいのです。

その話を聞いた八十代のご夫婦が、自分の今までの人生を振り返って、すごくショックを受けたそうです。

「今まであれこれ言ってきたけれど、現象の密度としては、否定的なとらえ方をずいぶんあげつらってきたような気がする。とりあえず茶柱を出発点として、二人で茶柱が立ったら喜ぶようにしてみよう」

と話し合いながら帰った。そしてお茶を淹《い》れはじめたら、ほぼ毎回、茶柱が立つようになったそうです。

ある人が講演で「意識の密度が現象の密度」の話を聞いて、自分もそうしようと思った。

そうしたら翌朝、無性《むしょう》にカメラを持って出かけたくなったそうです。その

日は朝から晴れだったけれど、なぜか虹《にじ》が出るような気がしたというのです。

天気予報では雨の予報は出ていなかったけれど、「虹が出てくれたら嬉《うれ》しいなあ、楽しいなあ」と思いながら、普段なら持って歩かないカメラを持って出かけた。

一日の仕事を終えて夕方、車で帰ろうとしたら突然、虹が出た。雨は降っていないし雲も出ていなかったそうです。あり得ないことですが、虹が出たら嬉しいなあと思ってカメラを持って出たら、快晴にもかかわらず虹が出た。そして、それを写真に撮《と》って私に見せにきてくれました。

雨上がりでもないのに虹が出た、しかもその日に限って、カメラを持って出たくなった。これは非常に面白いことです。

打《う》ち出《で》の小槌《こづち》

実は私たちは、何でも出してくれる「打ち出の小槌」を持っています。

　これまで、私たちはいろいろなことを「これが気に入らない」「これが思い通りにならない」そういう思い通りにならないものをリストアップして、それを思い通りにすることが幸せを手に入れることなのだ、と教わってきました。夢や希望や望みや願いを語りなさい、そして、それを手に入れることが幸せなのだ、と。

　足りないものをあげつらうのではなくて、実は自分がどれほど恵《めぐ》まれているか、ということのほうに意識の密度を偏《かたよ》らせてみてはどうでしょう。

　どれほど自分がラッキーか、目が見えること、耳が聞こえること、口でものが食べられること、自分の足で歩けること、手で箸《はし》を持つことができること……というように、自分がいかに恵まれているかというところに意識の密度を持っていくと、自分がものすごく喜べる状態がどんどん増していきます。

　そして、あれが足りない、これが足りない、だからあれをよこせ、これをよこせと言っていると、打ち出の小槌は永久に自分に幸せをもたらさない。欲しいものをいくら出しても、まだ足りないと言っている間は、この人の頭の中には欲しいものがずっと湧《わ》き続けています。

「打ち出の小槌」の本当の正しい使い方。

「ありがとう、ありがとう」を年間五千回言うと、その五千回の言葉を言いたくなるように現象がセットされます。反対に、辛い、悲しい、つまらない、いやだ、嫌いだ、疲れた、不平不満、愚痴《ぐち》、泣き言、悪口《わるぐち》、文句、恨《うら》み言葉、呪《のろ》い言葉を年間五千回言ったとすると、その言葉をまた言いたくなるように現象がセットされる。そして来年、同じ数だけその言葉を言いたくなるように降《ふ》ってきます。

全ての人が「ありがとう、ありがとう」と言っていくと、ありがとうの数だけありがとうが言いたくなるような現象をセットすることができます。

「意識の密度」が「現象の密度」。あれが欲しい、これが欲しい、と言っているのは、実はあれが足りない、これが足りない、と言っていること。その言葉を言えば言うだけ、「それが足りないんだ」という現象が降ってくる。

打ち出の小槌を持って、「結婚したいんだ」と年間に一千回言ったとする。

そうすると、来年も「結婚したいんだ」ということを一千回言いたくなるような現象が降ってきます。ということは結婚できない、ということ。営業所で売り上げナンバーワンになりたいんだ、と狙《ねら》いを定《さだ》めて言っているということは、イコール営業所でナンバーワンになりたい、という言葉が一千個上空に昇っていって、一千個の現象をセットしてしまうので、来年もまた同じ言葉を言い続けている、ということになります。

お金が欲しい、お金が欲しい、と言っている人は、言った数だけ、来年もまたその言葉を言っているということです。

「ありがとう」を言い続ける

宇宙法則として、この打ち出の小槌を一番上手に使いこなす方法は、ただにっこり笑って、「ありがとう、ありがとう……」を言い続けるだけ。そのありがとうの数に従って、また「ありがとう」が言いたくなるような現象が降ってきますが、どんな現象が降ってくるかはまったく分かりません。それがまた面白い。

本当に損得勘定でものを考えたいのであれば、意識の密度を否定的な方向へ持っていかないほうがよさそうです。

不安と心配と懸念《けねん》と恐れ、そして夢と希望と望みと願い。この二つは同じことを言っています。夢や希望は、良いものとして教育されてきたものですから、疑問に思うかもしれません。実はこの二つに共通していること、それは神と自分を信じていない、ということです。

夢や希望や望みや願いは、今の自分のおかれている状況が気に入らない、と言っていること。あなたのやっていることが気に入らない、と神様に言っているのです。

そして不安や心配や懸念、未来に向かってこんな辛いことになったらどうしよう、病気になったり事故に遭《あ》ったらどうしよう、と思うのは神と自分を信じていないということ。ですからこの二つは、全く違う異質なもののように見えますが、実は同じことを言っています。

「大変なとき」は自分が「大きく変わるとき」

ある四十歳くらいの女性が、講演会が終わってから私のところへ相談に来ました。

その方は看護師で週に二回夜勤があり、夫は長距離トラックの運転手なので、夜は家にいないそうです。子どもが三人いて、自分が夜勤《やきん》のときは週に二回、この子どもたちだけを家に残している。

この子どもたちだけの夜が不安で、犯罪に巻き込まれたり、火事などが起きたらどうしよう、と心配でたまらない。住宅ローンを返すためには二人とも仕事を辞《や》めることができないし、子どもたちのことを考えると悩んで苦しんで結論が出ないのです、という話でした。

私はその女性に聞きました。

「一年は五十二週あるので、週二回ということは合計で百四日です。子どもたち三人だけの夜が百日を越えていますか。つまり一年を越えていますか」

「百日を越えています」

という答えでした。

「では二百日を越えていますか」

「二百日を越えています」

「では三百日を越えていますか」

「三百日を越えていると思います」

と彼女は答えました。

「では伺《うかが》いますが、その三百日が無事だったことに対して、一回でも手を合わせて『ありがたい』と言ったことがありますか」

すると、その方は立ったまま十秒くらい何も言いませんでしたが、ワッと泣き始めました。二十分ほど泣いてからやっと声を絞《しぼ》り出すように言いました。

「今まで一度として、何もない夜に対して感謝《かんしゃ》をしたことがありませんでした。心配ばかりしてきました。でも、本当に今まで起きなかったことが感謝なのだということが今分かりました。今日帰ったら、今までの一夜一夜が無事だったことに対して心から手を合わせると同時に、子どもたちを思い切り抱《だ》きしめてあげます」

　ということでした。

　感謝というのは、何かが叶《かな》ったから感謝なのではなくて、何も起きないことが感謝。本当の感謝というのは、何も起きないで穏《おだ》やかに淡々《たんたん》と過ぎていく、ということがものすごいことなんだ、ということに気がつくことです。

　半年後、またその女性にお会いしました。

「半年間、何事も起きずに穏やかに子どもたちだけの夜が週に二日過ぎていっています。それに対して、何の心配もしないで、ただ毎日ひたすら手を合わせて『ありがとう』を言っています。心の中の不安や恐れはまったくなくなりました。ありがとうございました」

　という話でした。

状況は何も変わっていません。ただ、不安や恐れをずっと口にしていた人が、ものの見方や考え方、心の置き方を変えただけで、すごく充足《じゅうそく》して幸せになったのです。

もし大変だと思うことが目の前にあるのだったら、大変なときとは自分が「大きく変わる」とき。それが「大変」なときです。

神様からのプレゼント

すべてのことについてそうですが、不安や心配や懸念や恐れというのは、今までやってくださってきた方に対して、何の感謝もしていないということです。未来的に心配するということは、実は今何事もなく淡々と過ぎている時間が、何事も起きていないのではなくて、何も起きていない無事なことが起きているということ。無事であるということが毎瞬間毎瞬間起きているのです。

これが感謝の本質です。手に入れるものが感謝ではなくて、穏やかに暮らしていることが感謝。

英語で過去はパスト（PAST）、未来はフューチャー（FUTURE）、現在をプレゼント（PRESENT）といいますが、プレゼントとは神の贈り物です。現在何も起きていない、ということこそが最高の神のプレゼント。

何も起きていないということは、自分にとって辛かったり大変だったりすることが起きていないという、とんでもないことを起こしてくれている毎秒毎秒の連続なのです。本当の感謝はそこにあることに気づいたら、打ち出の小槌を手に入れたことになります。

この打ち出の小槌は両刃《もろは》の剣《つるぎ》です。「ありがとう」を言えば言った数だけ、それを言いたくなる現象が降ってきますが、愚痴や泣き言を言っていると、同じ数だけそれを言いたくなるような現象が降ってきます。

どちらを使いこなすかは自由です。が、「ありがとう」を言っていると、とても面白い。

「打ち出の小槌」を上手に使いこなしてみてください。

おわりに

頼まれごとに身をゆだねて

頼まれごとに身をゆだねて

疲れない生き方

人間は何のためにこの世に肉体、生命をもらったかというと、「喜《よろこ》ばれる存在」になるため。それはイコール「ありがとう」と言われて生きていくことです。

そして、自分の達成目標、努力目標を全然作らないで、頼まれごとを引き受けていく。自分の思いで生きるのではなく、「はい、はい」と言って、他人の依頼によって翻弄《ほんろう》されて生きるという、そういう生き方をしていくと、ストレスがまったくなくなります。

ただし、自分の努力頑張りだけの人よりも、二倍三倍の汗をかきます。働くというのは嫌《いや》なことをやっているのではなくて、はた（端）を楽にすることを「はたらく」（「働く」）といいます。

反対に、周りに迷惑《めいわく》をかけることを、「はた迷惑」といいます。

その喜ばれること、頼まれごとをやっていくだけで、ずっと働き続けるわけですが、その場合はまったく疲れがたまらない。疲れはストレスが原因なので、寝ても取れません。睡眠不足と疲れは違います。眠れば元気になるというのが睡眠不足。寝ても思う通りにならないことばかりだと思っているのを、ストレスといいます。

ストレスが原因で疲れになります。疲れを放置しておくと、凝《こ》り張《は》り痛みになる。凝り張り痛みを放置しておくと、臓器の故障、病気になる。病気を放置しておくと、臓器が一個停止する。この臓器の停止を死といいます。最初の原因はストレスです。

ガンになりやすい人の職業ベストスリーというのがあります。第一位、マスコミ関係者。第二位、交通関係者。第三位、金融《きんゆう》関係者、銀行マン、証券マンという人たちです。どうしてこの三者がガンになりやすい職業なのかというのを分析していくと、共通していることは、数字を追いかけ、数字に追いかけられるということ。

達成目標、努力目標というのは良いことだと思い込まされていますが、達成目標、努力目標を自分で決めて、あるいは会社に決められて、そこに向かって歩き始めた途端に体の中にガンを作って、死に向かって歩き始めることになります。死ぬのは運命ですから、誰でも同じですが、できればそれまで元気なままでいたほうがよいでしょう。

頼まれごとの中で利他《りた》的に

私たちは生物学的に「ヒト」です。人は一人で生きていると「ヒト」。人は人の間で生きていて「人間」。つまり、多少なりとも役に立ったり喜ばれたりすることが人間としての役割であって、動物とは全然違う。動物が集まって教室を開いて、どう生きるべきか、と話し合うことはないでしょう。それをするのは「人間」だからです。

自分の思いを持てば持つほど、自分がどう駆《か》け上がるか、向上心を持とう、という話になってきますが、結局は自分がどんなすごい人になるかということで、洗脳《せんのう》されています。

自分がどんなにすごい人になるかは関係ないから、全部それを投げ捨ててしまって頼まれごとを受けていく。それは間違いなく喜ばれている、ということです。

自分で達成目標を作って駆け上がっているときは、誰も喜んでくれていないのかもしれません。頼まれごとは、必ず頼んだ人は喜んでくれているのだから、利己的に生きるのではなく、その頼まれごとの中で利他的に生きる。

その利他的も、人を何とかしてやろう、世のため人のために何とかしてやろう、という思いはないほうがよい。喜ばれるように生きる、という方向は決めた。自分はそのように淡々と生きるけれども、「なぜあなたもそのようにしないの」と矛先《ほこさき》を周りの人に向けるのはやめましょう。

自分がどう生きるかだけ。そして「私」が存在できるのは、ありとあらゆるもののおかげさまであるということに気がついて、感謝をする。腹が立つとか、イライラするとかは、全部感謝が足りないのです。

親が子どもに「ありがとう」

たとえば自分の子どもだと思うから、子どもに対して怒って何とかしなさい、と言ってしまいます。自分の子どもではなくて神様からの預《あず》かり物だと思ったら、わが家に来てくれてありがとう、と感謝の目で見ることもできます。そして子どもというのは面白いことに、何にでもありがとうと言っている親の姿を見ながら育っていくので、この子どもの口からも「ありがとう」がたくさん出るようになります。

学びの本質は「まねび」から来ています。親が何かを言葉で言うからその通りになるのではなく、親の生き様、生き方をそのままコピーをして、まねびをしながら育っていきます。親が、この子どもの幼い頃から「わが家に来てくれてありがとうね」と言っていると、この子どもが最初に覚える言葉は「ありがとう」になる。

この子どもが「ありがとう」をたくさん言うようになると、学校の成績は関係なくなります。「ありがとう」がこの子どもの口から出てくるようになると、先生からも愛され、同級生からも愛され、社会に出たときに、成績ではなくて周りの人から愛される人になって生きていけるので、勉強のできる人より「ありがとう」の人に育てたほうが、ずっとこの子にとっては楽。

でも「ありがとうと言いなさい」と命令した瞬間から言わなくなります。

親が笑顔でありがとうを言い続けていくこと。だから、達成目標、努力目標なんて示す必要はないのです。自分がいかに喜ばれるか、ということを考えながら、頼まれごとをするように、頼まれごとがたくさん自分のところに来るように生きていけばよい。

頼まれごとをされやすい顔に

肯定的な人、頼まれてもあれこれ言わないで「はい、分かりました」と言ってやりそうな人は頼まれごとが多い。私たちは、自分の力や才能を磨《みが》いていきなさい、と学校教育で教わってきましたが、まったく違う価値観が宇宙にはあるのです。

それは、頼まれごとをしやすいような顔になって生きましょう、ということです。頼まれごとをされにくい顔というのがあります。

「辛い、悲しい、つまらない、いやだ、嫌いだ、疲れた」、不平不満、愚痴、泣き言、悪口、文句というのをずっと言い続けている人は顔がそういう顔になります。そして「嬉しい、楽しい、幸せ、大好き、ありがとう、ついてる」という喜びの言葉をずっと言っていると、「ありがとう」と言ったときの笑顔が板に付きます。

そのありがとうを言ったときのにっこり笑った笑顔が本当に素敵な人になると、本当に頼みやすくなって、頼まれごとがたくさんくるようになります。頼まれやすい顔になると、それだけで生きていける。

人生が結構面白くなる

頑張って一生懸命努力して奮励努力《ふんれいどりょく》して、自分がすごい人になりなさい、という方向ではないほうが、人間としての本質がまっとうできるみたいです。

そして自分がいかに周りの人から頼まれて使われていくか、というところに価値を切り替えてしまうと、人生が結構面白くなります。自分が想像できないようなところに使われるので、自分の意志で駆け上っていく人とは全然違う楽しい人生が始まります。

ここに身をゆだねるということができるとものすごく面白い人生です。そこに身をゆだねて、いろんな出来事に流されて翻弄《ほんろう》されながら生きていくというのも、実は生まれながらのシナリオ通り。

自分で頑張っているうちはシナリオが見えてこないけれど、翻弄されて流されていくのは、ものすごく面白い。この宇宙の仕組みを知って、使いこなしてみると、頑張っていたときには見えなかった、楽しい人生が始まることでしょう。

あとがき

本文にも書いたとおり、自分の目の前に起きたことについて何一つ不平不満《ふへいふまん》、愚痴《ぐち》、泣《な》き言《ごと》、悪口《わるぐち》、文句《もんく》を言わないと、地球や宇宙や神様から評価をされるようです。ありとあらゆることに喜びを感じ、幸せを感じて、さらに「ありがとう」と感謝を感じている人は、努力や頑張りには関係なく、神や宇宙からも喜ばれて支援をいただけるようです。

その因果関係を証明するように、私の周りには数え切れない実例が降ってきていますので、最後にそれを記してみましょう。

○台風五号

平成十九年八月四日、青森県の八戸《はちのへ》市で講演会がありました。私は、前日で当日の午後に札幌から三沢《みさわ》行きの飛行機で札幌《さっぽろ》での講演会があったため、当日の午後に札幌から三沢《みさわ》行きの飛行機での移動でした。ちょうどその日は、台風五号が日本海側を通って青森に最接近しているときで、午後に青森に再上陸するか、津軽《つがる》海峡を通過することが予想されていて、もしかすると欠航になるか、引き返してくる可能性もありました。

ところが、飛行機は予定通り出発した上に揺れることもなく、三沢空港に着いてみたら快晴。しかも、札幌から三沢までは飛行時間三十五分かかるところを、二十五分で着いてしまった。飛行機はちょうど台風の真ん中を横切る形だったはずでした。

台風はどこへ行ってしまったのだろう、と聞いてみても誰も知らない。その日に県外から車でやって来た人たちによると、途中までは雨や風があったけれど、八戸へ入った途端に青空が広がった、とのことでした。

その日は、深夜遅くまでニュースのたびにチャンネルを換《か》えてみましたが、台風の話題は一度も出なかった。熱帯低気圧に変わったのだとしても、風速二十メートルくらいの強風が吹くことがあるのですが、それもなかった。台風が消滅してしまったかのように、穏やかな気持ちのよい青空が広がったのでした。

○芦《あし》ノ湖《こ》

神奈川県の箱根にある芦ノ湖に、講演会のため数日滞在《たいざい》する機会がありました。滞在中に、集まった友人たちと芦ノ湖の湖上遊覧で足漕《あしこ》ぎボートに乗ってみたことがあります。

その日は朝からずっと雨が降っていたのですが、上空が晴れてきた。周りには雲があるけれども、芦ノ湖の上だけが、ボートに乗っている一時間ほど快晴が続いたのでした。青空の下、皆で記念写真を撮るなどしてから宿に戻りました。ちょうど着いたところで、激しい雨が降り出した、ということがありました。

その日の日中を箱根の山の麓《ふもと》で過ごして、夜の講演会に参加するために芦ノ湖へやって来た方に話を聞くと、麓の方は一日中雨だったとのこと。

箱根では普通、山の麓が豪雨《ごうう》で、山の上だけが晴れるということはないそうです。低気圧の中に、一時間だけ高気圧が入るということもない。この一時間だけが晴れたのは不思議なことでした。

○砂漠《さばく》の花

小林正観と行く海外ツアーで、オーストラリアのエアーズロックを旅行したことがあります。先住民族アボリジニの聖地といわれるエアーズロックは、年に十回ほど雨が降り、年間の降水量が二五〇〜三〇〇ミリです。

ここに私たちの乗った飛行機が降り立つ前に、二時間ほど激しい雨が降り、五ミリぐらいの降雨を記録したとのことでした。

翌日、みんなでレンタカーを借りて、砂漠のエアーズロックの周りを走りました。砂漠一帯、全部がお花畑。

前日に雨が降ると、翌日は砂漠中の花が一斉《いっせい》に咲くそうです。水分のある時に生命力を燃やして、受粉をして子孫を残す、そのために雨の翌日は花開くということでした。

普通は三〇センチ、四〇センチの灌木《かんぼく》で、枝がすごく硬《かた》い。足が枝にちょっと触《さわ》ったりすると、切れることがあるくらいです。動物が枝を食べたりできないように硬くなっています。それが全部花開いて、とても美しい眺《なが》めを楽しむことができました。砂漠中が全部お花畑、というのを見るのは初めてで、大変貴重な体験をすることができました。

こうしてみると、雨が降らないほうがよいときには、台風が消えて晴れてくれましたが、雨が降った後のお花畑を見せてあげようかな、というときには雨が降ってくれるようです。

それを当たり前のこととして、ただ黙って通り過ぎている場合には、神様はやってくれないらしい。でも、

「すごいなあ、面白いなあ」

と、嬉《うれ》しい、楽《たの》しい、幸《しあわ》せ、愛《あい》してる、大好《だいす》き、ありがとう、ついてる、この七つの言葉を中心にして、常に喜びの言葉を言っている。と同時に、不平不満、愚痴、泣き言、悪口、文句（これを五戒《ごかい》といいます）を一切言わないように

していると、努力、頑張りには関係なく、宇宙や地球や神様が支援をしてくれます。

私の周りには、実際にもう何にも人生に対して挑《いど》みかからず、達成目標も努力目標も持っていなくて、ただひたすら目の前に起きてくることについて、

「ありがたいことですよね、幸せなことですよね」

と言っている人たちが千人ぐらいいます。その人たちは、周りからも喜ばれ、次から次へと楽しいことが起きているようです。

みなさんもぜひ、実行してみてください。

二〇〇七年十一月

小林正観

文庫版のための解説　人生の達人・正観さんの人生観

正観塾師範代　高島　亮

「頼まれごとは断らない」

小林正観さんは、次々に来る講演依頼を「はい、わかりました」と引き受けて、年間三百回にも及ぶ講演をしながら全国を回り、ものの見方や考え方、生き方を「見方道」として多くの人に伝え続けました。

単にメッセージを伝えるメッセンジャーにとどまらず、見方道を自らも実践するジッセンジャーであり続けた正観さんは、たくさんの人に喜ばれる存在でした。そして、人生の達人だったと言ってもいいでしょう。

頼まれごとを断らずにやっていくと、いいことが2つあります。

1つは、喜ばれるということ。頼まれごとに応えると、必ず喜ばれます。

もう1つは、自分の思いもしないところに運ばれるということ。人生が面白いものになります。

「不平不満・愚痴・泣き言・悪口・文句」(五戒)を言わないでいると、頼まれやすい顔になり、頼まれごとが来るようになる。ニコニコ笑いながらそれに応え、自分のできることをして喜ばれていくと、楽に楽しく生きられますよ。

達成目標をもって自分の力でより多くのものを手に入れるために努力する人生よりも、他からの頼まれごとを受けて喜ばれながら命を使われる人生のほうが、想像を超えた面白いものになりますよ。と、正観さんは勧めます。

学生時代から唯物論者だった正観さんは、長年にわたって人間と社会を観察し、実証と検証を重ねた結果、唯物論的ではない次のような結論に至りました。

「未来は確定的に存在する」

「神仏は存在する」

「生まれ変わりは存在する」

そして、それぞれの結論から、独自の人生観が導き出されます。

未来が確定的に存在する、すなわち、人生のシナリオが決まっているのであれば、人生においてあれこれ悩む意味も必要もない。不足を嘆き、ないものを求めてがんばるのではなく、今あるものに感謝して幸せを感じ、今、目の前の人、こと、ものを大事にしながら、喜ばれる生き方をすればいい。

神仏が存在するということは、神仏を味方につけると人生が楽に運ばれるということ。神様は喜ばれるとうれしいという存在で、人間にも同じように「喜ばれるとうれしい」という本能を与えたので、喜ばれる人が好き。だから、喜ばれる人になればいい。

生まれ変わりが存在するとしたら、そのテーマは「喜ばれる存在になる」こと。人間も含めてすべての存在は生まれ変わりを繰り返しながら、より喜ばれる存在になっていく。だから、人生の方向性をそちらにセットして、ただただ喜ばれるような投げかけを続けていけばいい。

いずれも「喜ばれる」ということに収斂します。人生の究極の目的は「喜ばれる存在」になることであるという人生観に正観さんは到達したのです。シンプルですが、とても奥深い卓見です。がんばって努力してストレスや苦しみを抱える生き方とは対照的な価値観や方向性をもたらしてくれるのではないでしょうか。

正観さんの人生観は、「実践の三段階（3×33%）」という実践論にもつながります。

第一段階は、「五戒」。どんなときも五戒を口にしないようにすることで、これで33%。第二段階は、「うたし」。起きる現象や出来事を「うれしい・たのしい・しあわせ」と喜ぶことで、これで66%。第三段階は、「感謝」。起きる現象や出来事、今あるものに対して「ありがとう」と感謝することで、99%まで到達したことになるというものです。

私たちはすべての現象や出来事について、この第一段階、第二段階、第三段階の実践をして99%まで到達できるかを人生に問われている。これが正観さんの実践論の基本にあります。

では、残り1%は何でしょう。

それは、「喜ばれる」こと。最後の1％は、自分の力で得るものではなく、まわりの人から喜ばれることによって与えられるもので、それが「徳」というものですと正観さんは言います。

常に三段階を実践していくと自分の感じる幸せ度が高まっていきますが、まわりの人からも、そばにいるだけで、あたたかく安らいだ気持ちになり、楽しくて元気も出てきて、ただただありがたい、と思われるようになります。それは、「喜ばれる存在」になったということであり、人生の究極の目的に到達できたということでもあるのです。

人生の達人・正観さんの人生観を日々の実践に生かして、喜ばれる人生を楽しんでみてはいかがでしょう。

著者紹介

小林正観（こばやし・せいかん）

1948年東京生まれ。作家。

学生時代から人間の潜在能力やESP現象、超常現象などに興味を抱き、独自の研究を続ける。講演は年に約300回の依頼があり、全国をまわる生活を続けていた。2011年10月逝去。

著書に、『「そ・わ・か」の法則』（サンマーク出版）、『ありがとうの神様』（ダイヤモンド社）、『22世紀への伝言』（廣済堂出版）、『運命好転十二条』（三笠書房）、『こころの宝島』（清談社Publico）ほか、多数。

現在は、正観塾師範代・高島亮さんによる「正観塾」をはじめ、茶話会・読書会・合宿など、全国各地で正観さん仲間の楽しく、笑顔あふれる集まりがあります。
くわしくは、SKPのホームページ（小林正観さん公式ホームページ）をご覧ください。https://www.skp358.com

本書は、2008年1月に講談社より刊行された同タイトルに解説を追加し、文庫化したものです。

ＰＨＰ文庫　喜ばれる
自分も周りも共に幸せ

2023年6月15日　第1版第1刷

著　者　小林正観
発行者　永田貴之
発行所　株式会社ＰＨＰ研究所
東京本部　〒135-8137 江東区豊洲5-6-52
ビジネス・教養出版部　☎03-3520-9617(編集)
普及部　☎03-3520-9630(販売)
京都本部　〒601-8411 京都市南区西九条北ノ内町11
PHP INTERFACE　https://www.php.co.jp/
組　版　有限会社エヴリ・シンク
印刷所　大日本印刷株式会社
製本所　東京美術紙工協業組合

©Hisae Kobayashi 2023 Printed in Japan
ISBN978-4-569-90320-0
※本書の無断複製(コピー・スキャン・デジタル化等)は著作権法で認められた場合を除き、禁じられています。また、本書を代行業者等に依頼してスキャンやデジタル化することは、いかなる場合でも認められておりません。
※落丁・乱丁本の場合は弊社制作管理部(☎03-3520-9626)へご連絡下さい。送料弊社負担にてお取り替えいたします。

PHP文庫

強運を味方につける49の言葉

本田健 著

「『感謝できる人』に運は集まる」「運気は移動距離に比例する」など、強運を引き寄せるための具体的な方法を、語録形式で一挙公開！

PHP文庫

斎藤一人　楽しんだ人だけが成功する

斎藤一人　著

常に人生を楽しみ、明るい思いで満たされている人ほど、運は強くなる。当代きっての実業家が、何があっても成功する生き方を伝授。

PHP文庫

こうやって、考える。

外山滋比古　著

「無意識を使いこなす」「愛読書は作らない」など、過去の膨大な著作から発想力を鍛えるためのヒントを集めた箴言集、待望の文庫化！